Inhalt

1 *Auf der Bank*   11

2 *Das Projekt*   23

3 *Die Suche nach den Töchtern*   29

4 *Der Club der Töchter*   35

5 *Die Töchter*   40

    Maeve: Die Tochter, die nie Zeit hat   40

    Sophie: Die Tochter der Depression   54

    Cathy: Die Tochter, die wie ihre Mutter wird   68

    Lily: Die Tochter des Narzissmus   78

    Grace: Die trauernde Tochter   94

    Róisín: Die abhängige Tochter   103

    Natasha: Die ergebene Tochter   117

6 *Zwei weitere Töchter*   126

    Anna: Die Tochter wider Willen   127

    Debbie: Die enttäuschende Tochter   140

7 *Hausaufgaben* ...   154

   ... für die Tochter, die nie Zeit hat   156

   ... für die Tochter der Depression   163

   ... für die Tochter, die wie ihre Mutter wird   171

   ... für die Tochter des Narzissmus   178

   ... für die trauernde Tochter   182

   ... für die Tochter wider Willen   189

   ... für die enttäuschende Tochter   196

   ... für die abhängige Tochter   202

   ... für die ergebene Tochter: Zehn Dinge,   211
   die man mit seiner Mutter tun sollte,
   bevor es zu spät ist

8 *Das letzte Abendessen*   225

  Nachwort   231

  Dank   233

*Stellen Sie sich vor,
Sie stünden am Grab Ihrer Mutter
und hätten keine Schuldgefühle ...*

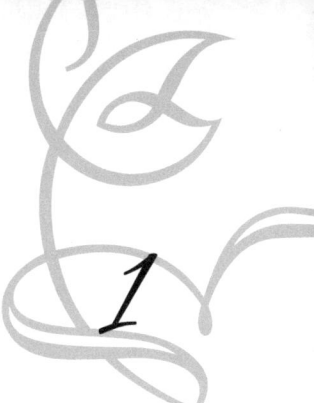

1

Auf der Bank

Natasha

Heute ist Donnerstag. Ich bin im Krankenhaus, auf dem Weg zu meiner Mutter. Im Flur riecht es nach Medizin und verkochtem Gemüse, vermutlich Rosenkohl. Bei der Mischung dreht sich mir der Magen um.

Eigentlich schmeckt mir Rosenkohl – aber nur, wenn er gut zubereitet ist. Das habe ich meiner Mutter zu verdanken, die ihn immer mit Maronen und Speck servierte. Ihr wäre das Gemüse nie verkocht. Sollte sie den Rosenkohl in ihrem Krankenbett riechen können, lenkt sie das hoffentlich von ihrer Diagnose ab: Sie hat Lupus.

Lupus ist ein bescheuerter Name für eine Krankheit, die das Immunsystem komplett auf den Kopf stellt. Er klingt so harmlos und ungefähr so schrecklich wie Krokus, Schneeglöckchen oder irgendeine andere Frühlingsblume. Und trotzdem stehe ich wegen genau dieser Erkrankung nun vor dem Aufzug im Krankenhaus.

Wenn ich's mir recht überlege, plagen meine Mutter vermutlich gerade andere Probleme als der Geruch von verkochtem Rosenkohl. Ich drücke den Knopf, aber der Aufzug steckt wohl noch irgendwo fest. Er ist in der Schwebe. Dieser Zustand kommt mir bekannt vor.

Schließlich öffnen sich die Türen, und ein paar Minuten später bin ich im siebten Stock. Erst suche ich rechts, dann links. Wo ist Nummer 41? Ich bin einundvierzig, aber im Augenblick fühle ich mich eher wie eine Zweijährige. Als Kind war ich sehr anhänglich. Meine ersten fünf Lebensjahre hing ich wie eine Klette an meiner Mutter. Plötzlich fällt mir eine Szene im Supermarkt ein: Meine Mutter will sich nach einer Dose Bohnen recken, aber sie kommt nicht hoch, denn ich klammere mich an ihr fest und will sie auf keinen Fall loslassen. Das muss furchtbar lästig gewesen sein. Aber sie hat es mir nie gezeigt. Ich sehe sie lächeln, obwohl ich den sorgfältig aufgebauten Dosenstapel fast zum Einsturz gebracht hätte.

Zimmer 41. Bin ich hier richtig? Nein, oder? Hier liegt doch nur eine gebrechliche alte Dame, sie schaut eine Quizsendung. Meine Mutter ist nicht gebrechlich. Ich würde sie nicht mal als alt bezeichnen, obwohl sie das mit ihren neunundsechzig Jahren vermutlich ist. Mir gefällt »älter« ohnehin besser als »alt«. Älter ist jeder. Teenager sind älter als Kleinkinder, Greise älter als Fünfzigjährige. Im Gegensatz dazu bedeutet »alt« so viel wie »am Ende«. Man ist auf dem Weg zur Endstation: Vergessen Sie beim Aussteigen bitte nicht Ihr Gepäck und Ihre überflüssige Gesichtsbehaarung. Es reicht! Im Moment will ich nicht an Endstationen denken, besonders nicht im Zusammenhang mit meiner Mutter.

Hier stehe ich also. Zimmer 41. Ich gehe vorbei an der Frau im ersten Bett, die ihren Bademantel enger um sich schlingt, und halte auf das letzte, mit einem Vorhang abgetrennte Bett vor dem Fenster zu. Mit angehaltenem Atem stecke ich den Kopf durch den rosa Stoffvorhang.

»Mama«, flüstere ich. »Ich bin's, Tasha.«

Schweigen.

»Mama«, sage ich etwas lauter. »Ich bin's.«

Ihr Kopf, von grauweißem Haar umrahmt, liegt auf einem Berg Kissen. In der Nase steckt ein Schlauch, und auf ihrem Nachttisch stehen ein Inhaliergerät und eine Flasche Wasser. Die Sauerstoffmaschine am Boden neben dem Bett schnauft vor sich hin. Ihre Augen sind geschlossen, das Gesicht geschwollen. Mit jedem Hub der Maschine bewegt sich ihr Brustkorb auf und ab. In dieser ungewohnten Umgebung wirkt das vertraute gelbe Nachthemd irgendwie tröstlich. Es ist das Lieblingsnachthemd meiner Mutter.

Wie angewurzelt stehe ich da und sehe sie an. Ich habe Angst, sie zu wecken, obwohl ich mir nichts sehnlicher wünsche, als dass sie aufwachen würde. Schließlich hole ich mir auf Zehenspitzen einen Stuhl ans Bett und stelle die Tasche mit der frischen Nachtwäsche ab, lasse meine Mutter aber keine Sekunde aus den Augen. Sie ist so still. Nun schaue ich doch lieber aus dem Fenster. Ich bin noch nicht bereit für diesen Anblick.

Im Geiste sage ich der Frau, die ich mehr als jeden anderen Menschen liebe, was ich nicht laut aussprechen kann: *Ich lasse das nicht zu. Du kannst dich doch nicht einfach aus dem Staub machen! Gerade erst bist du in den Ruhestand gegangen, und am Wochenende wolltest du mich besuchen. Du hast mir versprochen, mit mir die Fliesen fürs Badezimmer auszusuchen, und ich weiß, das ist jetzt völlig egal, aber ich kenne keinen, der so ein Auge für Mosaiksteinchen hat wie du. Wir haben unsere Reise nach Ägypten gebucht, und du wolltest doch noch die Eisberge in der Antarktis sehen. Wage es nicht, jetzt einfach abzuhauen! Ich brauche dich, wir alle brauchen dich. Du bist noch nicht dran!*

13

Kaum habe ich das gedacht, streichele ich ihr mit schlechtem Gewissen über den Arm, weil ich sogar in Gedanken mit ihr schimpfe. Die Haut ist weich und schlaff. Sie rührt sich langsam und wendet mir den Kopf zu. Müde sieht sie mich an. Dann zieht sie sich den Schlauch aus der Nase und flüstert: »Hallo, mein Liebes. Schön, dass du gekommen bist.«

Schön, dass ich gekommen bin? Ihre Höflichkeit ist unerträglich. Wir unterhalten uns eine Weile, doch über unsere Gefühle reden wir nicht. Als wären wir stillschweigend übereingekommen, uns auf neutralem Boden zu begegnen. Stattdessen sprechen wir über die Nachrichten, das Mittagessen. Es gab tatsächlich Rosenkohl. Mit keinem Wort erwähnen wir die rasante Verschlechterung ihres Gesundheitszustands oder die Tatsache, dass sie so plötzlich im Krankenhaus gelandet ist. Weder von der Verwirrung noch der Hilflosigkeit, die wir beide ganz deutlich empfinden, ist zwischen uns die Rede. Aber wir können es in unseren Blicken lesen, weswegen ich ihrem auch schnell ausweiche.

Obwohl sie es nicht zugibt, sehe ich genau, wie erschöpft sie ist. Deshalb trete ich zögerlich den Rückzug an, tappe unsicher über den Flur zurück zum Aufzug und traktiere den Knopf mit dem Zeigefinger. *Jetzt komm endlich! Ich will hier raus, und zwar sofort!* Nach einer gefühlten Ewigkeit steige ich in den Lift und drücke EG für Erdgeschoss. Gibt es auch H für Hilfe? Unten angekommen, haste ich dem Ausgang entgegen, jeder Schritt bringt mich weiter von ihr weg.

Draußen halte ich mich an der Mauer fest und atme gierig die frische Luft ein. Dann mache ich mich auf den Weg zur nächsten Bank. Ich war zwar noch nie hier, aber plötzlich erkenne ich dieses unscheinbare Gartenmöbel genau:

Es markiert die erste Station auf dem Weg zum Abschied eines geliebten Menschen. Hier halten wir inne, um darüber nachzudenken, welche schlimmen Dinge als Nächstes passieren werden. Ich setze mich hin und fühle mich schrecklich allein.

In meiner Tasche finde ich eine Flasche Wasser. Ich stürze es hinunter, als läge darin die Heilung, und spucke das meiste wieder zurück. Eleganz war gestern. Jetzt geht's ans Eingemachte. Ich halte mir den Bauch und tue das, was ich bereits tun wollte, als ich den rosafarbenen Vorhang in Zimmer 41 beiseitegeschoben habe: Ich weine. Während mir die Tränen über die Wangen laufen, geht mir wieder dieser Gedanke durch den Kopf: *Meine Mutter wird mich verlassen. Aber das geht nicht, sie ist doch meine Mutter!*

Diese Stunde vor dem Krankenhaus werde ich nie vergessen. Auf der Bank. Allein der Gedanke daran versetzt mich umgehend in dieselbe Panik, die ich dort zum ersten Mal verspürte. Normalerweise bin ich krisenfest. Ich behalte einen kühlen Kopf. Aber diesmal nicht. Auf der Bank fühlte ich mich vollkommen hilflos und überfordert.

Ich mache mir wegen der Krankheit große Sorgen um meine Mutter. Aber gleichzeitig habe ich Schuldgefühle, und ich frage mich: *War ich eine gute Tochter? Habe ich ihr gesagt, wie sehr ich sie liebe? Weiß sie, wie dankbar ich ihr für all das bin, was sie für mich getan hat? Was habe ich in den einundvierzig Jahren meines Lebens für sie getan? Ahnt sie, wie sehr ich sie als Frau und Mutter respektiere und bewundere? Und wenn nicht, habe ich noch genug Zeit, es ihr zu sagen?*

Der Moment auf der Bank zwang mich dazu, reinen Tisch zu machen. Hier begann ich, die Beziehung zu meiner Mutter zu hinterfragen und mir zu überlegen, wie ich aus der Zeit, die uns noch blieb, das Beste machen könnte. Erst in dieser Stunde vor dem Krankenhaus erkannte ich, welcher Verlust mir bevorstand, und ich machte mir Gedanken darüber, wie ich damit umgehen könnte. Hier nahm dieses Buch seinen Anfang. (Zunächst gierte ich allerdings das erste Mal seit einem Jahr nach einer Zigarette und hatte außerdem keinen blassen Schimmer, was ich als Nächstes tun sollte.)

Vor fünf Jahren erkrankte meine Mutter an Lupus. Die ersten Anzeichen dieser Krankheit bemerkte ich während unseres Urlaubs in Marokko. Eines Tages bekam sie einen fürchterlichen Ausschlag, den wir allerdings zunächst auf die starke Sonne zurückführten. Doch das, was wir für Hitzebläschen hielten, waren Symptome von Lupus, eine Überreaktion des Immunsystems, bei der gesundes Gewebe angegriffen wird. Die Symptome sind zahlreich, es kann zu Entzündungen und Schwellungen kommen, und oft geht Lupus mit Schäden an Gelenken, Haut, Niere, Lunge und Herz einher. Dazu hat man bei meiner Mutter Bluthochdruck festgestellt, weswegen sie immer wieder am Sauerstoffgerät hängt.

Nachdem sie ihre Diagnose erhalten hatte, veränderte sich unsere Beziehung. Meine quirlige und furchtlose Mutter war auf einmal Patientin, auf ein Sauerstoffgerät und die Pflege ihrer Kinder angewiesen. Wenn sie nicht im Krankenhaus war, musste sich jemand um sie kümmern, denn sie durfte nicht allein sein. Unsere Familie wechselte sich damit ab. Ich lebe in Dublin, zweieinhalb Fahrtstunden von meiner Mutter in Galway entfernt, und wenn ich nicht bei ihr sein konnte, telefonierte ich mehrmals am Tag mit ihr. Doch trotz meiner Bemühungen hatte ich ständig ein schlechtes Gewissen, weil ich nicht für sie da sein konnte.

Während ich mich genauer mit der Krankheit meiner Mutter und verschiedenen Behandlungsmöglichkeiten auseinandersetzte, geschah noch etwas anderes in meinem Leben. Mich ereilte eines Tages die schreckliche Erkenntnis, dass ich mich langsam auf die zweite Hälfte meines Lebens zubewegte – und dabei alle gängigen Klischees erfüllte.

Jeden Monat kochte ich für meine engsten Freundinnen bei mir zu Hause ein Essen. Das tat ich schon seit Jahren. Mittlerweile hatten wir die zwanzig und auch die dreißig hinter uns gelassen, und seit Kurzem kreisten unsere Gespräche immer wieder um dasselbe Thema: Wir jammerten tatsächlich über unsere Zipperlein! Beim Prosecco ging es plötzlich um kaputte Knie, ein Ziehen hier, ein Brennen dort, vielleicht hatte man es ja beim Pilates übertrieben? Meine Freundin Moira war besonders früh in die Wechseljahre gekommen und schilderte uns an einem denkwürdigen Abend bei Gemüse-Tempura, was wir in naher Zukunft zu erwarten hätten. Während sie entsetzt von ihren ersten Hitzewallungen berichtete, dachte ich zurück an frühere Treffen, wo es ausschließlich um unsere neuesten Eroberungen gegangen war.

Und ein weiteres Thema kam immer wieder vor, nämlich unsere Mütter, genauer gesagt, deren Gesundheitszustand. Reihum erstatteten wir Bericht. Ich konnte wie ein Profi über Fortschritte und Rückschläge Auskunft geben und sogar witzige Anekdoten aus dem Krankenhaus beisteuern. Doch es ging auch um meine Schuldgefühle, die sich besonders dann meldeten, wenn ich mich sonntagabends mit einem Küsschen von meiner Mutter verabschiedete und in den Zug nach Dublin stieg.

Meine Freundin Nora, die vor einem Jahr ihren Vater verloren hatte und deren Mutter nun ebenfalls ernsthaft erkrankt war, kannte meine Probleme nur zu gut. Als Einzelkind musste sie die vierstündige Reise zu ihrer Mutter jedes Wochenende antreten.

»Ich weiß nicht, was schlimmer ist, die ständige Fahrerei oder das schlechte Gewissen, weil ich überhaupt keine Lust darauf habe, sie jedes Wochenende zu besuchen«, sagte sie.

Jennifers Mutter hingegen erfreute sich bester Gesundheit. Gerade erst hatte sie ihrer Tochter eine Liste mit Weihnachtsgeschenken in die Hand gedrückt, die sie für ihre Enkel zu kaufen gedachte.

»Es ist Juni! Geht's noch?«, rief Jennifer genervt.

Nora konnte dem noch eins draufsetzen. Ihre Mutter sei demnächst Gastgeberin eines Lesekränzchens und plane aus diesem Anlass, das Esszimmer neu zu streichen. »Ich habe versucht, ihr klarzumachen, dass die Leute nicht wegen der Wandfarbe zum Lesekränzchen kämen, aber sie hatte schon vier verschiedene Grüntöne aufgemalt, aus denen ich einen auswählen sollte.«

So ging es meist zu bei unseren monatlichen Treffen. Wir lachten und jammerten über unsere Mütter – und amüsierten uns immer wieder köstlich. Ich konnte diese Unterhaltungen genießen, weil ich meine Mutter von Herzen liebe. Sie ist intelligent, warmherzig und verfügt über einen gesunden Zynismus. Glücklicherweise habe ich vieles von ihr geerbt.

Bei einer meiner Dinnerpartys klagte eine Freundin darüber, dass ihre Mutter trotz ihrer Krebserkrankung weiterhin vierzig Zigaretten am Tag rauchte. Eine andere beschwerte sich, dass ihre Mutter sie ständig wegen ihrer Erziehungsmethoden kritisierte.

Ich war also nicht allein mit der Sorge um meine Mutter. Auch die Gedanken meiner Freundinnen kreisten um dieses Thema. Offensichtlich war es für uns auf einmal wichtig, über unsere Mütter zu reden und uns darüber klar zu werden, wo wir mit ihnen standen, bevor es zu spät wäre.

Eines Abends kam mir eine Idee: Wenn dieses Thema für meine Freundinnen und mich so wichtig war, wäre es doch vielleicht auch für andere Frauen von Bedeutung. Neugierig machte ich mich daran, Frauen, die mir begegneten, mit folgenden Fragen zu konfrontieren: *Haben Sie noch eine Mutter? Und wenn ja, haben Sie Angst davor, dass sie sterben könnte?*

Ich bohrte nach: *Halten Sie sich für eine gute Tochter? Könnten Sie eine bessere Tochter sein?*

Jede Frau, die mir über den Weg lief, wurde von mir ausgefragt. Ich traf sie in Restaurants, auf Ausstellungen, bei der Kosmetikerin oder im Zug. Die Reaktionen waren unterschiedlich. Manche waren entgeistert, andere verdrehten schon die Augen, bevor sie antworteten, aber sogar diejenigen, die das Thema für zu persönlich hielten, um mit einer fremden Person darüber zu sprechen, öffneten sich schließlich. Ich hörte viel Gutes und Schlechtes, aber bei allen ging es um Schuldgefühle. Auf einem Flug von New York nach Dublin erhielt ich von meiner Sitznachbarin folgende Antwort:

»Ehrlich gesagt finde ich es fast unerträglich, längere Zeit mit meiner Mutter in einem Zimmer zu sein. Meist streiten wir uns. Und trotzdem habe ich bei jedem Streit Angst, sie zu verlieren. Diese Angst überfällt mich in den seltsamsten Momenten. Ich will eigentlich gar nicht darüber nachdenken.« Das Gespräch ging noch zwei Stunden so weiter.

Frauen hatten offenbar eine Menge über ihre Mütter zu sagen.

Doch konnte man sich auf so etwas wie den Tod der Mutter überhaupt vorbereiten? Ich hielt es zumindest für wichtig, das Verhältnis zu meiner Mutter ganz genau unter die Lupe zu nehmen. Die Angst vor ihrem Tod trieb mich so sehr um, dass ich schließlich beschloss, dieses Buch zu schreiben. Darin sollte es aber nicht nur um meine Angst oder die Beziehung zu meiner Mutter gehen, sondern in erster Linie um Töchter und ihr Ringen darum, die komplizierteste, anstrengendste, aber auch schönste und beständigste Beziehung ihres Lebens zu begreifen.

Es war an der Zeit, eine Art Ratgeber für Töchter zu verfassen, der ihnen dabei hilft, das Verhältnis zu ihren Müttern zu verstehen. Ein Buch über die Person, nach der sich viele von uns immer sehnen werden, und die in harten Zeiten stets unsere erste Anlaufstelle ist. Kein anderer Mensch kann uns so umsorgen, trösten und aufregen wie unsere Mutter.

Auf der Bank vor dem Krankenhaus erhielt ich einen Auftrag. Wenn Sie dieses Buch lesen, werden Sie ebenfalls einen Auftrag erhalten, den Sie annehmen oder ablehnen können: *Stellen Sie sich vor, Sie stünden am Grab Ihrer Mutter und hätten keine Schuldgefühle. Na gut, wir wollen realistisch bleiben: nur ein paar Schuldgefühle. Stellen Sie sich vor, Sie wären sich trotz Ihrer großen Trauer sicher, Ihr Bestes getan zu haben.*

Darum soll es in diesem Buch gehen. Es zeigt uns Wege und Möglichkeiten auf, das Verhältnis zu unseren Müttern angenehm und freudvoll zu gestalten, auch wenn dieses Verhältnis getrübt sein sollte. Manchen von uns mag dies leichtfallen, anderen schwerer.

Meine Gespräche mit Töchtern hatten eine gemeinsame Botschaft: Unsere Mütter machen uns wahnsinnig. Und in vielen Fällen macht uns das schlechte Gewissen wahnsinnig, denn wir meinen, wir müssten uns besser mit ihnen verstehen. Diese diffusen Gefühle sollten wir benennen und einzuordnen lernen, bevor es zu spät ist.

Zunächst trug dieses Buch den Arbeitstitel *Zehn Dinge, die man mit seiner Mutter tun sollte, bevor es zu spät ist.* So makaber es auch klingen mag, es besteht tatsächlich Grund zur Eile. Ihre Mutter wird sterben. Wahrscheinlich wird sie vor Ihnen gehen.

Manche Kapitel dieses Buches sind vielleicht schwer verdaulich, vor allem, wenn Sie sich nicht so gut mit Ihrer Mutter verstehen. Es mag Anregungen geben, die für Sie undenkbar sind. Eine Vorschlag auf meiner Liste mit »Zehn Dingen, die man mit seiner Mutter tun sollte, bevor es zu spät ist«, lautet beispielsweise, die Beerdigung und Trauerfeier gemeinsam mit der Mutter zu planen. Viele Ideen und Vorschläge in diesem Buch sind jedoch unkompliziert, gut verständlich und oft sehr einleuchtend, doch das heißt nicht, dass sie auch leicht umzusetzen wären.

Sollten Sie zu den Glücklichen gehören, die sich so gut mit ihren Müttern verstehen, dass Sie nur einen Tochter-TÜV brauchen, bietet Ihnen dieses Buch die Chance, etwas Gutes noch besser zu machen. Die anderen finden in diesem Buch vielleicht einen Rat, wie sie eine schlechte Beziehung erträglich machen oder wenigstens akzeptieren können. Möglicherweise eröffnet es Ihnen auch Wege zur Vergebung.

Am Anfang dieses Buches aber stehen zwei Fragen:
Wie können wir dafür sorgen, dass wir nach dem Tod unserer Mutter ohne schlechtes Gewissen und Schuldgefühle auf unsere gemeinsame Zeit mit ihr zurückblicken?

Und:
Wie wird es uns nach ihrem Tod gehen, wenn wir alles so lassen, wie es gerade ist?

Die Antworten werden für jede von uns anders ausfallen. Doch wir haben den gleichen Horizont vor uns: Eines Tages werden wir am Grab unserer Mutter stehen und vieles bedauern. Es geht darum, die Gründe für dieses Bedauern auf ein Minimum zu reduzieren. Nicht morgen oder nächste Woche, sondern jetzt. Solange uns noch Zeit dazu bleibt.

Das Projekt

Natasha

Voller Tatendrang, anderen dabei helfen zu können, die Beziehung zu ihren Müttern zu verbessern, machte ich mich ans Werk. Ich recherchierte das Thema eingehend, befragte andere Frauen und nutzte persönliche Erfahrungen.

Die Komplexität von Mutter-Tochter-Beziehungen überraschte mich dennoch. Wie bereits erwähnt, gehöre ich zu den Glücklichen, die sich gut mit ihren Müttern verstehen. Natürlich ist nicht alles perfekt, aber ich telefoniere jeden Tag mit ihr und genieße ihre Gesellschaft. Wenn ich Rat brauche, wende ich mich an sie, sie bringt mich zum Lachen. Mit meiner Mutter zusammen zu sein, bereitet mir große Freude.

Recht bald merkte ich, dass ich nicht alleine arbeiten wollte. Eine Zusammenarbeit erschien mir vor allem deshalb reizvoll, da ich zusätzlich zu dem Buchprojekt ein Unternehmen zu leiten hatte. Außerdem hätte ich mit einer Koautorin eine zweite Meinung, einen Resonanzboden für meine Ideen und eine Partnerin zum Brainstormen mit einem anderen Blick auf diese vielschichtige Thematik.

Seit Jahren verfolgte ich schon Róisín Ingles Kolumne in der irischen Tageszeitung *The Irish Times*. Sie gibt darin viel Persönliches preis, was vielleicht nicht jedem gefällt, mich aber stets angesprochen hat. Ich mag ihre Art zu schreiben, vor allem aber schätze ich ihre schonungslose Offenheit. In ihren Kolumnen berichtet sie auch immer wieder von ihrer Mutter, die sie von Herzen liebt. Gelegentlich fragt sie sich aber auch, ob sie ihre Mutter ausreichend würdigt und vielleicht zu abhängig von ihr ist. Kurzum: Róisín war die perfekte Partnerin für mich. Also rief ich sie an und hinterließ ihr eine Nachricht, die sie hoffentlich neugierig machen würde.

Róisín

Dreimal dürfen Sie raten, wo mich Natashas Anruf erwischte. Genau, ich saß bei meiner Mutter am Küchentisch und trank ihren wunderbaren Kaffee. Gern würde ich so tun, als sei das reiner Zufall gewesen, doch offen gestanden bin ich eigentlich ständig bei meiner Mutter. Ich hatte vor Kurzem beschlossen, mich gesünder zu ernähren und damit etwas abzunehmen, und sie half mir dabei, mein Gewicht zu protokollieren. Als Natasha anrief, hatte ich mich also gerade zum wöchentlichen Wiegen eingefunden. Danach würde ich mich über ihre Pilztoasts hermachen. Doch meine Diät war nur ein Vorwand. Ich war vor allem ständig bei meiner Mutter, weil niemand außer mir meiner Person so viel Interesse entgegenbringt. Für eine Mutter ja auch irgendwie logisch, oder? Damals hätte ich das allerdings nicht so formuliert. Erst als ich Natasha kennenlernte und mich näher mit dem Thema auseinandersetzte, stellte ich fest, dass ihr Interesse an mir zu den Dingen gehört, die ich an ihr so liebe.

Sie kennt mich in- und auswendig, doch vor allem akzeptiert sie mich mit allen Macken. Sie sieht auch das, was ich verberge, und liebt mich trotzdem. Als ich den Ausdruck »bedingungslose Liebe« zum ersten Mal hörte und verstand, musste ich an sie denken. Genau das bekomme ich von ihr. Wenn ich meiner Mutter meine kühnsten Träume erzähle, erklärt sie mich nicht für verrückt, sondern erkundigt sich auch noch nach den Einzelheiten.

Weil ich Natashas Nummer nicht kannte, ließ ich sie zunächst auf die Mailbox sprechen, während ich meiner Mutter vorjammerte, wie schwer es sei, länger als zweieinhalb Minuten am Stück zu joggen. Danach erzählte sie mir von ihrem neuesten Schreibprojekt, eine Kurzgeschichte über den britischen Schriftsteller Ian McEwan, die sie mir prompt mit theatralischer Stimme vortrug. Eigentlich müsste ich schon längst auf der Arbeit sein, aber wir amüsierten uns einfach zu gut mit unseren Pilztoasts und Geschichten über Ian McEwan. Fünf Minuten länger in ihrer Küche würden schon nichts ausmachen.

Wenig später hörte ich meine Nachrichten ab. Diese Frau, Natasha, hielt sich bedeckt, und wollte unbedingt persönlich mit mir über ihr Projekt sprechen. Als ich meiner Mutter erzählte, worum es bei dem verpassten Anruf ging, riet sie mir. »Triff dich mit ihr. Es könnte was Gutes sein.«

Meine Mutter hat meistens den richtigen Riecher, und so war es auch diesmal. Das war mir in dem Augenblick klar, als Natasha mir von ihrer Buchidee mit dem Arbeitstitel *Zehn Dinge, die man mit seiner Mutter tun sollte, bevor es zu spät ist* erzählte. Mehr brauchte ich nicht zu wissen. Ob ich ihr dabei helfen wollte, dieses Buch zu schreiben? Ich wollte es lesen!

Um das zu erklären, muss ich ein wenig ausholen.

Wenn ich mit meiner Mutter verreise, ist völlig klar, dass sie zusätzlich zu ihrem Atemtherapiegerät eine Menge Überängstlichkeit im Gepäck hat, weil ich dazu neige, wichtige Unterlagen zu vergessen und mir unterwegs manchmal Missgeschicke passieren. Es kommt vor, dass ich meinen Pass verliere, Bordkarten verlege oder meinen Flug verpasse. So erklärt sich auch die Anspannung meiner Mutter bei unserem Kurztrip nach London zur Geburtstagsfeier meiner Schwägerin.

Mich regt sie damit allerdings total auf. »Ich bin doch keine Fünfjährige!«, fauche ich sie an, als sie mich zum dritten Mal fragt, ob ich meinen Pass dabeihabe. Und auch wenn sie mich nicht gefragt hätte, ist mir in diesem Moment völlig klar, dass sie es am liebsten getan hätte. »Die Frau macht mich fertig«, stöhnt mein innerer Teenager. Es besteht doch wohl kein Zweifel daran, dass ich eine vernünftige, erwachsene Frau bin. Schließlich sind meine mittlerweile fünfjährigen Zwillinge gesund und munter, was eindeutig beweist, dass ich etwas von Verantwortung verstehe. Nur EIN EINZIGES MAL habe ich statt Essiggurken grüne Chilischoten in ihre Brotdosen gelegt. Na und? Mütter sind schließlich auch nur Menschen.

Bei der Sicherheitskontrolle verlieren wir uns aus den Augen. Als wir uns endlich wiederfinden, läuft ein Sicherheitsbeamter mit einer Bordkarte wedelnd durch die Menge.

»Ist das deine?«, fragt sie. Statt ihr zu antworten, suche ich angestrengt auf dem Monitor nach unserem Gate. Beim Boarding ziehe ich meine Karte aus der Tasche und sehe einen wohlvertrauten Ausdruck in ihrem Gesicht: Sie ist erleichtert.

Ich kann ihr wegen dieser übertriebenen Fürsorge nicht mal Vorwürfe machen, sie ist schließlich meine Mutter. In London reißt sie sich wirklich zusammen. Obwohl ich zweimal fast mein Handy liegen lasse, ermahnt sie mich nicht zur Vorsicht. Aber die Sorge steht ihr ins Gesicht geschrieben. Selbstverständlich nervt mich das tierisch. Aber meist behält sie diese Gefühle für sich, und dafür bin ich ihr dankbar.

Ihr stehen allerdings auch auf diesem Kurztrip ausreichend Gelegenheiten zur Verfügung, meinen dauergekränkten inneren Teenager auf die Palme zu bringen: Im Secondhandladen kaufe ich mir ein paar alte Messer mit Perlmuttgriff, aber als ich mir dazu noch zwei Tassen mitnehmen will, behauptet sie glatt, die würde ich nicht brauchen.

Auf dem Weg zur Geburtstagsfeier meiner Schwägerin fragt sie mich – vorsichtig –, ob ich mir vielleicht vorher die Haare richten wolle. Wenn Blicke töten könnten ... Klar will ich mir die verdammte Haare richten, denke ich, krame den Kamm hervor und versuche, meinen Klobürstenlook etwas zu zähmen. Dass ich mit meiner Frisur nicht zufrieden bin, brauche ich hier wohl nicht zu erwähnen.

Abgesehen von diesen kleinen Zwischenfällen ist die Geburtstagsfeier ein richtiger Erfolg. Mein Bruder Peter hält eine wunderbare Rede, die alle Männer im Saal aufregt, weil er ihrer Meinung nach die Latte zu hoch gehängt habe. Man isst, singt, trinkt, und am Ende fallen alle zufrieden ins Bett.

Ich bin nur für die Feier angereist, aber meine Mutter bleibt länger. Kaum sind wir am nächsten Morgen aufgewacht, will sie wissen, wann mein Flieger gehe. »Heute Abend um zehn«, murmele ich mit zusammengebissenen Zähnen. »Sicher?«, fragt sie nach.

Also werfe ich einen Blick aufs Smartphone, damit sie Ruhe gibt, und muss zu meinem Entsetzen feststellen, dass ich falschliege. »Hier steht achtzehn Uhr«, gebe ich zu. Sie unterdrückt ein genugtuendes Lächeln.

Kurz vorher denkt sie laut darüber nach, ob es geschickt sei, die Messer aus dem Secondhandladen im Handgepäck zu transportieren. Wie nervig! Gleichzeitig ist diese Bemerkung natürlich sehr umsichtig. Man stelle sich den massiven Sicherheitsvorfall am Flughafen vor!

Bei meiner Ankunft am Flughafen ist das Gate bereits geschlossen. Die Frau am Schalter erklärt mir, ich hätte den Flug um 16.45 Uhr gebucht, der bereits auf dem Weg zur Startbahn sei. Also muss ich ein neues Ticket für den nächsten Flug kaufen, das natürlich doppelt so teuer ist.

Meine Mutter, die ich in heller Aufregung anrufe, beruhigt mich mit den Worten, es sei doch nur Geld, und bietet mir an, das Ticket mit ihrer Kreditkarte zu bezahlen. Sie habe die Abflugzeit selbst überprüft, aber mich nicht wie ein Kind behandeln wollen.

Nach dem Gespräch sitze ich in der Abflughalle und heule über meine Blödheit, und weil ich weiß, dass ich meine Mutter irgendwann nicht mehr haben werde. Niemand wird dann mehr so für mich sorgen. Ich fasse einen Vorsatz, weiß aber genau, dass ich ihn gleich wieder brechen werde: Nie wieder werde ich mich über ihre Fürsorge aufregen, egal, wie sich mein innerer Teenager auch aufführt. Weil – und eigentlich sollte ich das mittlerweile kapiert haben – sie es nicht böse meint, sie ist einfach meine Mutter.

Natashas Idee finde ich super. Es ist doch viel besser, unsere Mütter schätzen zu lernen, bevor es zu spät ist, statt unsere Versäumnisse nach ihrem Tod zu bedauern. Ich möchte noch vieles im Leben erreichen: eine Fremdsprache lernen, mehr Sport treiben, mindestens drei Lieder auf der Gitarre spielen lernen und eine Stunde joggen können. Und ich will eine bessere Tochter werden. Ganz einfach. Oder auch nicht. Schauen wir mal.

3

Die Suche nach den Töchtern

Natasha

Am Tag nach dem Tod des Schauspielers und Komikers Robin Williams hörte ich im Radio ein Interview mit ihm, in dem er auch über seine Mutter sprach. Ein Satz, den jemand mal zu ihm gesagt habe, sei ihm immer in Erinnerung geblieben: »Mütter kennen jeden deiner Hebel, weil sie sie selbst eingebaut haben.«

Diese Hebel bauen unsere Mütter während unserer Kindheit ein, damit sie sie den Rest unseres Lebens betätigen und uns damit in Rage bringen können. Manchmal geschieht das unbeabsichtigt, manchmal nicht.

Nach einem ersten Treffen entschlossen Róisín und ich uns zur Zusammenarbeit an diesem Buch. Seither haben wir die Welt der Mütter und Töchter genauer unter die Lupe genommen. Bei der Recherche stießen wir auf folgende Aussage einer Tochter: »Wenn sie nicht meine Mutter wäre, würde ich mich von ihr scheiden lassen.« Mancher von uns mag dieser Wunsch bekannt vorkommen, doch eine solche

»Scheidung« ist eher selten. Sogar wenn sie schwierig ist, überdauert diese Beziehung meist alle anderen Beziehungen im Leben von Müttern und Töchtern.

Mutter-Tochter-Beziehungen beschreiben meist einen bestimmten Bogen. Zu Beginn ähneln sie einem intensiven Liebesverhältnis. Róisín erzählte mir, ihre Zwillinge schlichen sich morgens manchmal zu ihr ins Bett, also zu einem Zeitpunkt, an dem sie sich nicht gerade frisch fühle – in jeglicher Hinsicht. Doch ihre Kinder würden sich nicht an ihrer platt gelegenen Frisur, dem schlechten Atem und dem verschmierten Make-up vom Vorabend stören. Sie sähen in ihr etwas anderes, etwas, das ihr verborgen bliebe. Ihre Kinder, sagte Róisín, würden sie trotzdem wunderschön finden – und sie genieße diese aufrichtige Liebeserklärung.

Umgekehrt sei es genauso: Jeden Tag sieht sie, wie sie die Kinder mit ihrem Lob zum Strahlen bringt, aber auch, wie sich ihre Mienen verfinstern, wenn sie sie ermahnt. Sie erlebt aus erster Hand, welchen Einfluss Mütter auf das Selbstwertgefühl ihrer Kinder haben.

Als Jugendliche rebellieren wir oft gegen unsere Eltern und versuchen, Distanz zu schaffen, um die Welt allein zu erobern. Wenn wir älter sind und mehr Lebenserfahrung haben, differenziert sich unser Blick auf unsere Mutter. Im Idealfall nehmen wir sie als eigenständige Persön-lichkeit wahr, eine Frau mit Bedürfnissen, Gefühlen und Wünschen: Wir begegnen ihr auf Augenhöhe. Bei manchen dauert diese Entwicklung länger.

Róisín und ich starteten eine Umfrage. Wir wollten andere Töchter besser verstehen, indem wir sie zu Wort kommen ließen. Róisín kam auf die Idee, Töchter im ganzen Land einzuladen, ihre Geschichte zu erzählen. Warum nicht?, dachte ich. Im schlimmsten Fall würde sich keine melden, und ich müsste einsehen, dass das Thema niemanden interessierte. Meinen Segen hatte sie.

Róisín

Also setzte ich folgenden Aufruf ans Ende meiner nächsten Kolumne:

»Sie sind eine Frau und möchten das Verhältnis zu Ihrer Mutter verbessern, bevor es zu spät ist? Dann schreiben Sie eine Mail an ...«

Die Resonanz kam rasch und war überwältigend. Offenbar hatten wir einen Nerv getroffen. Wir erhielten fast hundert Mails von Frauen aus ganz Irland, manche davon waren mehrere Seiten lang. Eine Menge Frauen schrieben hier zum ersten Mal über ihre Mütter, und wir fragten uns unwillkürlich, wie viele mehr es wohl gab, die sich auch mit diesem Thema herumschlugen, sich aber nicht dazu äußerten, weil sie Angst hatten, dann als »schlechte Tochter« zu gelten.

Aus den Mails sprachen tiefe Schuldgefühle, Wut und Sorge, Verbitterung, Reue, Freude und Trauer. Natasha und ich fanden uns eines Abends mit einem Glas Wein an ihrem Küchentisch ein, um die Zuschriften zu sichten. Wir lachten und weinten. Unsere anfängliche Weinlaune mündete rasch in Ernüchterung. Am Ende des Abends empfanden wir tiefes Mitgefühl mit diesen Frauen, die uns ihre intimsten Probleme als Töchter anvertrauten. Viele von ihnen berichteten davon, wie schwer es ihnen falle, ihren schwierigen Müttern eine gute Tochter zu sein. Dies war offenbar besonders anstrengend für Frauen, deren Mütter unter einer psychischen oder körperlichen Erkrankung litten. So unterschiedlich die Schilderungen auch waren, sie alle verband eine mehr oder weniger starke Sorge um die Beziehung zu ihrer

Mutter und der Wunsch, diese zu verbessern, bevor es zu spät wäre.

Es kam uns vor, als würden wir die Niederschriften einer schutzlosen, zum Schweigen verurteilten Untergrundbewegung lesen. Viele verwiesen darauf, dass sie sich über ein Tabuthema äußerten, vor allem diejenigen mit einem extrem angespannten Verhältnis zu ihren Müttern. Völlig unerwartet hatten wir mit unserem Aufruf den Finger in so manche Wunde gelegt.

Natasha und ich hatten uns schnell angefreundet, und diese Treffen, an denen wir uns über unsere Mütter unterhielten, fühlten sich nicht wie Arbeit an. Am darauffolgenden Abend war die nächste Zusammenkunft mit meiner Büchergruppe, daher schielte ich immer wieder vom Laptop auf den Riesenwälzer, den ich noch nicht fertiggelesen hatte. Während ich also Donna Tartts *Der Distelfink* querlas, erzählte ich Natasha, dass ich ohne die Büchergruppe überhaupt nicht mehr zum Lesen käme.

»Durch die Gruppe bin ich aber gezwungen, mindestens ein Buch pro Monat zu lesen«, sagte ich. »Ich muss mir die Zeit dafür irgendwie abknapsen.«

»Stell dir vor«, sagte Natasha da plötzlich, »es gäbe ein regelmäßiges Treffen, bei dem wir nicht über Bücher, sondern über die Probleme mit unseren Müttern sprechen.« Eigentlich meinte sie das nicht ganz ernst, aber die Idee hatte was.

Viele Frauen in unseren Bekanntenkreisen nahmen an regelmäßigen privaten Treffen zu verschiedensten Themen teil. Auch unsere Terminkalender waren voll von wöchentlichen oder monatlichen Verabredungen mit Freunden, bei denen wir aßen, tranken und uns unterhielten. Bücher- und Backgruppen, Kochclubs, Lauftreffs, Weinverkostungen, Kleiderkreisel – die Liste war endlos.

Wie wäre es mit einem Club der Töchter? Wenn wir unser Verhältnis zu unseren Müttern verbessern wollten, warum dann nicht im Kreise gleichgesinnter Töchter? Natasha und ich hatten ja bereits einen solchen Club gegründet. Einen sehr kleinen Club, zugegeben. Aber das Thema Mütter und Töchter beherrschte unsere Zusammenkünfte.

Natasha

Ein Club der Töchter? Na logisch, dachte ich mir. Und jeder Club braucht Teilnehmer, also sollten wir uns noch ein paar Töchter in die Gruppe holen. Wir vereinbarten Treffen mit einigen Frauen, die sich auf Róisíns Aufruf gemeldet hatten, um sie besser kennenzulernen. Das Interesse war beträchtlich: Offenbar gab es unter Töchtern ein großes Bedürfnis nach Austausch.

Bei unseren Gesprächen, die wir am Telefon, in Cafés oder, wenn nötig, sogar auf Bahnhöfen führten, zeigten sich die meisten Frauen von der Idee einer Art Selbsthilfegruppe für Töchter angetan, doch die Anforderungen an potenzielle Mitglieder waren hoch. Jeden Monat ein Buch zu lesen, war etwas völlig anderes, als vor lauter Fremden über Risse in einer Beziehung zu sprechen, die in der Gesellschaft als die glücklichste unseres Lebens gilt.

Diese Angst entpuppte sich tatsächlich als die größte Hemmschwelle für die meisten Frauen, die grundsätzlich an einer Teilnahme interessiert waren. Sie hatten das Gefühl, mit solchen Gesprächen ihre Mütter zu verraten, und das sogar in Fällen, in denen die Mütter ganz offensichtlich versagt hatten. Im Laufe unserer Planungsphase wurde immer deutlicher, dass wir es hier mit einem zutiefst persönlichen und hochkomplexen Thema zu tun hatten. Hätte irgendeine andere Person diese Frauen so schlecht behandelt, sie hätten sich umgehend getrennt. Doch die Beziehung zur Mutter kann man nicht so einfach beenden. Eine solche Abkehr war für viele undenkbar, obwohl sie ständige Kränkungen erlitten.

Anderen Frauen fiel es zwar leicht, sich detailliert mit uns über ihre Mütter zu unterhalten, aber sie wollten diese Gespräche nicht unter Klarnamen veröffentlichen. »Nicht mal mit meinen besten Freundinnen spreche ich über dieses Thema«, bekamen wir häufig zu hören. Also beschlossen wir, dass die Töchter anonym bleiben müssten. Doch selbst dann scheuten manche vor einer Teilnahme zurück. Nicht ganz überraschend handelte es sich dabei um die Töchter mit den schwierigsten Verhältnissen zu ihren Müttern, aber wir wussten, dass die Geschichten dieser Frauen für uns wichtig waren.

Glücklicherweise erhielten wir für jede Absage eine Vielzahl von Zusagen, sodass wir am Ende der Planungsphase sogar drei Gruppen hätten gründen können. Die Mitglieder des ersten Clubs der Töchter waren allesamt bereit, wenn auch ein wenig nervös, sich über das schwierige Unterfangen zu unterhalten, eine bessere Tochter zu werden.

Geplant war, dass wir zunächst alle aus dem Nähkästchen plauderten, und uns dann gegenseitig dazu motivierten, zur töchterlichen Hochform aufzulaufen. Die Frage dahinter lautete:

Was geschieht, wenn eine Gruppe Töchter sich daranmacht, eine Beziehung zu hinterfragen, zu verbessern und zu reparieren, die jahrelang unbearbeitet vor sich hin existiert hat?

Das Ergebnis kannte natürlich keine von uns, aber wir waren sicher, dass es dabei viel Gelächter und Tränen geben würde. Und Wein. Definitiv Wein.

4

Der Club der Töchter

Natasha

Ich stehe auf Kerzenlicht. Sogar beim Frühstück zünde ich mir eine Kerze an. Róisín weiß mittlerweile genau, dass unsere Unterhaltungen erst bei Kerzenschein richtig in Gang kommen. Bei der ersten Versammlung des Clubs der Töchter brannten bei mir sogar noch mehr Kerzen als sonst.

Im Ofen wartete bereits das Chili, der Wein stand auf dem Tisch. Die ersten Teilnehmerinnen trudelten ein. Ich war freudig erregt, aber auch furchtbar nervös. Was, wenn sich die ganze Sache als schrecklicher Fehlgriff entpuppte? Ich beruhigte mich mit dem Gedanken, dass ich ja nicht die Einzige war, die sich an diesem Abend mit völlig Fremden in einer Gruppe traf.

Klar, es gab vermutlich kein zweites Treffen unserer Art, aber egal. Wenn man eine Leidenschaft oder ein Problem hat, sagte ich mir, ist es doch wohl natürlich, dass man Gleichgesinnte sucht. Unwillkürlich musste ich an die Anonymen Alkoholiker denken – AA. Wir trafen uns hier als AT – die Anonymen Töchter. Es klingelte schon wieder.

Auf dem Weg zur Tür zündete ich noch eine Kerze an. Als Glücksbringer.

Der Club war nun vollzählig. Die Frauen hatten sich um meinen Küchentisch versammelt, beäugten einander schüchtern und warteten auf das, was als Nächstes geschehen würde.

Unsere Gruppe umfasste sieben Teilnehmerinnen, Róisín und mich eingeschlossen. Am Ende sollten wir auf neun anwachsen, weil zwei Frauen auf überraschenden Umwegen zu uns stießen, aber dazu später. Ich weiß noch, dass die dunkelhaarige Maeve keinen Wein wollte, und Lily, im knallroten Pullover, weiß war wie die Wand. Die Aufregung stand ihr ins Gesicht geschrieben. An Sophies rabenschwarzes Haar und ihre Kette aus Lapislazuli kann ich mich noch gut erinnern. Sie saß so steif und stumm am Tisch, dass ich mich fragte, ob sie wohl Fluchtgedanken hegte. Róisín plauderte mit Grace, die ein nettes Lächeln auf den rot geschminkten Lippen trug und stets zu Scherzen aufgelegt schien. Erst bei genauerem Hinsehen erkannte ich, wie nah sie am Wasser gebaut hatte. Cathy, die schnell einen kräftigen Schluck Wein trank, war die Nervosität sofort anzumerken. Meine Rolle ähnelte der eines Dirigenten bei der ersten Probe mit einem neuen Orchester: Es war an mir, die Gruppe zu moderieren und den Einstieg ins Thema zu erleichtern. Unser Orchester war natürlich eine Laientruppe, wir spielten nicht nach Noten, waren aber bereit, nach Leibeskräften zu improvisieren – und darauf kam es letztlich an.

Sieben Frauen waren wir also, und auf den ersten Blick verband uns nicht viel. Hier in meiner Küche relativierten sich die vermeintlichen Unterschiede jedoch rasch. Wir alle wollten über unsere Mütter reden und anderen Töchtern zuhören, wenn sie über ihre Mütter sprachen. Und so nahm der Abend seinen Lauf. Der Regen prasselte gegen die Fenster, der Wind heulte, und im Kerzenschein erzählten wir uns reihum unsere Muttergeschichten. Es fühlte sich ganz natürlich an. Mir fiel ein Stein vom Herzen.

Mit einer kurzen Vorstellung des Club-Konzepts und unserer Ziele brachte ich den Ball ins Rollen. Ich erzählte den Frauen von meiner Mutter und davon, wie mich ihre Krankheit dazu gebracht hatte, meine Rolle als Tochter genauer zu hinterfragen. Sie erfuhren, wie Róisín und ich uns zusammengeschlossen hatten. Ich bat sie, sich für sechs Treffen zu verpflichten, die jeweils einmal im Monat stattfinden würden. Bei diesen Zusammenkünften sollte es ausschließlich darum gehen, unser Verhältnis zu unseren Müttern zu verbessern, bevor es zu spät wäre. Es gebe kein Rezept dafür, aber unser Aufwand hätte sich bereits gelohnt, wenn wir am Ende dieser sechs Gespräche auch nur ein positives Ergebnis erreicht hätten, erklärte ich meinen Gästen.

Kaum war das Chili serviert, stellte ich ein Diktiergerät auf den Tisch. Róisín und ich hatten beschlossen, die Gespräche mit den anderen Töchtern aufzuzeichnen, um ihre Geschichten in unserem Buch dokumentieren zu können. Erst als ich mir nach dem Treffen meine einführenden Worte anhörte, merkte ich, wie emotional ich gewesen war:

»Es mag sich komisch anfühlen, in einer Gruppe über unsere Mütter zu sprechen, aber ich hoffe, dass wir uns daran gewöhnen. Für mich ist es schon nicht mehr so seltsam, weil ich mich bereits seit einiger Zeit mit dem Thema auseinandersetze. Es kommt vor allem darauf an, dass wir den Willen haben, etwas zu verändern. Und die Bereitschaft, am Ball zu bleiben. Wir haben uns hier versammelt, weil wir an der Beziehung zu unseren Müttern arbeiten möchten. Dabei gibt es kein Richtig oder Falsch. Und wenn am Ende auch nur eine Kleinigkeit besser ist als vorher, hat sich unser

Bemühen schon gelohnt. Sechs Monate, sechs Treffen, zu mehr müssen wir uns hier nicht verpflichten.«

Nach dieser Einführung ging es reihum, und in dieser Reihenfolge liefen auch alle Folgetreffen ab. Maeve hatte den schwierigen Wunsch nach mehr Nähe zu ihrer Mutter, hielt sie jedoch immer auf Abstand. Sophie erzählte uns die Geschichte ihrer psychisch kranken Mutter, und Cathy sprach über ihre Angst, so zu werden wie ihre Mutter. Lily vermittelte uns einen Eindruck, wie ihr Leben mit einer narzisstischen Mutter aussah, und Grace sprach über ihre Probleme mit ihrer an Alzheimer erkrankten Mutter. Róisín erzählte von ihrem engen Verhältnis zu ihrer Mutter, aber auch darüber, wie sie manchmal als Tochter versagte. »Immer wieder nehme ich mir vor, bei unseren Treffen nicht nur über mich zu reden, aber es gelingt mir nie. Wenn ich mit ihr zusammen bin, finde ich mich einfach wahnsinnig interessant«, gab sie lächelnd zu.

Nach dem Essen verteilte ich Listen mit verschiedenen Vorschlägen, die wir im Umgang mit unseren Müttern zusätzlich zu unseren regelmäßigen Treffen ausprobieren könnten. Dazu gehörten ganz einfache Anregungen wie »besser zuhören«, »mehr Geduld haben«, »sich auf die Zunge beißen«, »öfter mit ihr auf Reisen gehen«, »sie nicht mehr bevormunden« und ähnliche Tipps. Am Anfang waren wir alle begeistert. Wir glaubten, wir könnten diese Liste leicht abarbeiten, die Mutter mal zum Essen einladen oder zum Mittagessen treffen, ihr zeigen, wie man einen Computer bedient, oder mit ihr shoppen gehen. Wir redeten viel darüber, was zu tun wäre, es gab auch Zweifel, ob unsere Bemühungen uns zu besseren Töchtern machen würden, doch schließlich wählte jede von uns die Vorschläge aus, die ihr am meisten zusagten.

Am Ende des ersten Abends hatten wir uns bereits so viel

anvertraut, dass wir uns nicht mehr fremd waren. Einige unter uns hatten ihre Muttergeschichte zum ersten Mal erzählt. Überall auf dem Tisch lag zerknülltes Küchenpapier, ein Zeichen, dass hier auch Tränen verdrückt worden waren. Beim nächsten Mal würde ich Taschentücher parat halten.

Während der nächsten Zusammenkünfte lernten wir einander besser kennen, diskutierten miteinander und versuchten, das jeweils eigene Tochterbild zu verstehen. Dazu erfanden wir Namen für den jeweiligen Tochtertyp, den wir zu jenem Zeitpunkt zu verkörpern glaubten. Selbstverständlich waren wir in der Lage, je nach Situation und Lebenslage verschiedene Typen zu verkörpern. Sie werden sehen, dass wir alle ein bisschen von jedem Tochtertyp in uns tragen.

5

Die Töchter

Maeve:

Die Tochter, die nie Zeit hat

»Du weißt doch, Maeve, Essen ist teuer!« Meine Mutter meint das völlig ernst. Im Sommer legt sie Gemüse ein, Gurken oder kleine Rote Bete, und füllt ihren alten, morschen Vorratsschrank mit Einweckgläsern. Im Winter hat jeder, der ihr Haus verlässt, mindestens drei solcher Gläser in der Handtasche. Meine Mutter ist allzeit bereit für den Weltuntergang. Wenn es so weit ist, befindet man sich am besten im Haus meiner Mutter oder noch besser in ihrem Vorratsschrank, wo es nach Vanille, Essig und Mixed Pickles duftet.

Sie ist nie zufrieden mit dem, was sie kredenzt. Beim Abschied ruft sie: »Wahrscheinlich schmecken sie nicht. Wenn du sie nicht essen willst, gib sie der Katze.« Das regt mich fürchterlich auf. Die Zubereitungen meiner Mutter, die meiner Meinung nach preisträchtig sind, sind ihr nie gut genug. Auf diese Weise hat sie ihr gesamtes Leben verbracht. Sie entschuldigt sich dafür, dass sie auf der Welt ist. Das treibt mich in den Wahnsinn.

Meine Mutter besitzt einen Mantel im schrillsten Disco-Pink. Den trägt sie winters wie sommers. Er ist wasserabweisend und hat ein herausnehmbares Innenfutter aus Fleece, sodass er für jedes Wetter geeignet ist. »Ein Mantel für alle Jahreszeiten«, sagt sie immer.

Ihr pinkfarbener Mantel gefällt mir. Er ist so schrill, dass ich ihn schon von Weitem durch die Glasscheibe meiner Haustür erkenne. Das Quietschen des rostigen alten Gartentors mag ich vielleicht überhören, weil ich mal wieder in meine Arbeit vertieft bin, aber das grelle Pink kann ich nicht übersehen. Wenn ich also Pink sehe, habe ich zwei Möglichkeiten:

Möglichkeit A: Ich mache meiner Mutter auf und opfere meine wertvolle Zeit, um mit ihr vom Hundertsten ins Tausendste zu kommen, statt meine Brötchen zu verdienen.

Möglichkeit B: Ich verstecke mich (das mache ich manchmal wirklich).

Interessanterweise hatte ich an diesem Morgen Möglichkeit B gewählt, als ich den Aufruf in der *Irish Times* entdeckte. Ich hatte mich versteckt, und Mutter war schon lange wieder weg. Erst später fand ich das Glas mit eingelegten roten Paprika, das sie mir vor die Tür gestellt hatte, während ich mit schlechtem Gewissen hinterm Sofa kauerte. Nach einem solchen Vorfall stelle ich mir stets dieselben Fragen: »Wäre es denn so schlimm gewesen, deiner Mutter aufzumachen und ein bisschen mit ihr zu plaudern? Hättest du nicht einfach eine Kaffeepause einlegen können?« Das Problem ist: Es dauert leider erheblich länger als eine Kaffeepause, bis sie mir den Inhalt der letzten fünf Folgen ihrer Lieblingsserie nacherzählt hat.

Ich kauerte also hinter dem Sofa, als mein Blick auf die Zeitung am Boden fiel – und auf den Aufruf am Ende von Róisíns Kolumne. »... *und möchten das Verhältnis zu Ihrer Mutter verbessern, bevor es zu spät ist? Dann schreiben Sie eine Mail an ...*« Ich muss gestehen, dass es nicht sofort Klick gemacht hat, erst beim Abendessen mit meinem Mann Tony fiel mir das Ganze wieder ein, und ich fragte ihn, wie er mein Verhältnis zu meiner Mutter einschätze. Er lachte. Das, so erinnere ich mich, hielt ich für eine interessante Reaktion. »Na ja, ihr habt nicht so ein enges Verhältnis wie andere Mütter und Töchter. Ihr hockt nicht ständig aufeinander«, sagte er. Mehr war aus Tony nicht herauszubekommen. Ich glaube, im Fernsehen kam Fußball, und ich hatte vor, bis spät in die Nacht zu arbeiten. Seine Antwort regte mich allerdings zum Nachdenken an. Noch am selben Abend schickte ich eine Mail an Róisín:

Liebe Róisín,
über meine Mutter gibt es Folgendes zu sagen: Wenn sie mich besucht, verstecke ich mich, aber sie hat selbst Schuld. Sie weiß genau, dass ich zu tun habe und als Selbstständige von zu Hause aus arbeite, aber sie schneit einfach bei mir rein, wann es ihr passt. Egal, wie oft ich ihr das schon erklärt habe, sie macht es immer wieder. Manchmal bringt sie Lebensmittel mit.
Jetzt, wo ich es aufschreibe, merke ich erst, wie absurd das alles ist. Meine Mutter bringt mir was zu essen, und ich verstecke mich vor ihr. Natürlich ist das nicht alles. Wenn es Sie interessiert, kann ich gern mehr erzählen. Als ich Ihren Aufruf gelesen habe, wurde mir klar, dass meine Mutter und ich uns nahestehen und auch viel Zeit miteinander verbrin-

gen, aber ich bin trotzdem mit unserem Verhältnis unzufrie-
den. Aus verschiedenen Gründen. Ich würde es gern besser
hinbekommen. Wahrscheinlich erwarten Sie viel schlimmere
Geschichten als meine, aber ich glaube, es würde mir helfen,
bei der Sache mitzumachen.

Etwas verlegen grüßt,
Maeve

Zwar hatte ich Róisín auch meine Handynummer hinterlas-
sen, erwartete aber keinen Anruf. Es war egal, denn allein
der Umstand, dass ich in der Mail Dinge niederschrieb, die
ich jahrelang verdrängt hatte, war schon befreiend. Es gab
noch viel mehr zu sagen, aber ich hielt mich zurück. Stattdessen beschloss ich, einfach so weiterzumachen und das
»Problem« zu ignorieren – wenn es sich denn überhaupt um
eines handelte. Zwischenzeitlich fragte ich mich kurz, ob
und wie andere Töchter wohl auf den Aufruf reagiert hatten. Dann vergaß ich das Ganze, bis sich Róisín eines Tages
bei mir meldete. Sie sprach über Mütter und Töchter, und
ich kann mich erinnern, dass ich ein wenig lachen musste.
Ich fühlte mich verstanden. Aber ich sagte nicht sofort zu.
Stattdessen bat ich sie um Bedenkzeit. Ich musste erst
gründlich darüber nachgrübeln.

Ich bin dreizehn. Mein Vater arbeitet in Singapur und meine
beiden kleinen Brüder, meine Mutter und ich leben in Dublin. Wir sehen ihn nicht oft. Früher sind wir immer mit ihm
herumgereist. Dubai, Singapur, Australien, Neuseeland. Er
war Verkäufer im Bereich Technik. »Schnickschnack und
Spielereien« hat er das immer genannt. Der Apfel fällt nicht
weit vom Birnbaum, ich mache heute fast dasselbe.

Irgendwann sind wir dann aber zurück nach Dublin gezogen, weil meine Mutter sich um unsere Oma kümmern wollte. Sie war allein und »fiel ständig hin«, wie meine Mutter es nannte. Ich fand die Vorstellung seltsam. Würde sie am Ende auch ins Grab fallen?

Ich bin also dreizehn, stehe im Flur und versuche, meinen kleinen Bruder Ciaran dazu zu bewegen, seine Fußballschuhe anzuziehen. Draußen scheint die Sonne, und Mum hat vorgeschlagen, dass wir auf dem zum Fußballplatz umfunktionierten Rasenstück vor dem Haus herumkicken. Ciaran macht Theater, weil er seine Schuhe nicht anziehen will. Während ich ihn anbrülle, klingelt das Telefon. Mum sagt: »Psst!«

Als älteste Schwester trage ich die Verantwortung für meine beiden Brüder. Immer muss ich das Richtige tun. Ständig soll ich mich wie eine Erwachsene benehmen und darf mich nicht mal darüber beklagen. Das finde ich unfair. Schließlich sind meine Brüder die Kinder meiner Mutter und nicht meine. Warum zieht sie Ciaran nicht die Schuhe an? Ich will allein los und mit Timmo rumhängen. Vielleicht steht er ja auf mich. Aber nein, ich muss mich hier mit meinem kleinen Bruder rumschlagen, und dann verlangt Mum auch noch, ich soll leise sein.

»Ruhe!«, zischt sie. Ein Blick in ihr Gesicht verrät mir, dass etwas nicht stimmt. Normalerweise hat sie eine gesunde Gesichtsfarbe, aber jetzt ist sie leichenblass. Ihre Schürze ist voller roter Flecken, weil sie gerade Erdbeermarmelade einkocht.

»Was? Wann? Wer war bei ihm?«, fragt sie. Sie hält den Hörer, so ein alter schwarzer mit Spiralkabel, in der rechten Hand, die andere hält sie sich vor den Mund. Als sie sie wieder wegnimmt, ist da ein hellroter Fleck Erdbeermarmelade. Und als sie den Hörer auflegt, um mir zu sagen, dass

Dad in einem Restaurant im zwanzigsten Stock eines feinen Hotels eine Hirnblutung erlitten hat und gestorben ist, kann ich den Blick nicht von diesem roten Fleck abwenden.

Ich bin traurig. Glaube ich jedenfalls. Ich vermisse ihn nicht so richtig, weil ich ihn seit dreieinhalb Monaten nicht gesehen habe. Wahrscheinlich vermisse ich was, von dem ich noch nicht weiß, dass ich es verloren habe. Sein Leichnam wird überführt und auf dem Friedhof beerdigt, an dem ich jeden Tag auf dem Weg zur Schule vorbeikomme. Nach dem Begräbnis schmiert meine Mutter bergeweise Sandwiches und erzählt allen, die sich in unsere winzige Küche drängen, dass sie »scheußlich schmecken, grässlich, die schlimmsten, die ich je gemacht habe«. Sie sind köstlich. Ich schnappe mir ein paar und verschwinde mit meinem Atari-Computer (ein Weihnachtsgeschenk von Dad) nach oben in mein Zimmer und spiele, bis ich vor dem Ding einschlafe. Beim Aufwachen habe ich den Abdruck der Tastatur im Gesicht. Ich habe geträumt, dass ich in einem Fass voller Erdbeermarmelade sitze und nicht mehr rauskomme. Seitdem habe ich keine Erdbeermarmelade mehr angerührt.

Die folgenden Jahre sind geprägt von Haushaltsarbeiten, Schulaufgaben und Kinderhüten. Meine Mutter und ich haben so was wie ein Geschäftsverhältnis. Wir führen ein Unternehmen namens Haushalt. Es gibt keinen Mann im Haus. Er kommt nie mehr zurück.

Schnappschüsse: Ich bin dreizehneinhalb. Während meine Mutter um ihre Mutter trauert, die zwei Monate nach meinem Vater gestorben ist, bringe ich meine beiden Brüder zur Schule, Tag für Tag; ich bin vierzehn, und seit meine Oma gestorben ist, klagt meine Mutter über ihre Einsamkeit, sie fragt sich, ob auf unserer Familie ein Fluch laste; ich bin fünfzehn und helfe meiner Mutter bei der Entscheidung, unser Gartenhaus zu streichen oder abzureißen. Schließlich schnappen wir uns eine Axt und gehen ans Werk. Wo der Schuppen war, steht nun ein Sandkasten für die Jungs; ich bin sechzehn, und meine Mutter und ich halten, mit gelben Notizblöcken bewaffnet, Familienkonferenzen ab, um Dinge wie Finanzen und Urlaub zu planen, als wären wir Ehepartner oder Kollegen, nicht Mutter und Tochter.

Nein, das stimmt nicht. Wir sind nicht mal Kollegen, denn meine Mutter ist die Chefin. Eine strenge Chefin mit hohen Erwartungen an ihre engste Mitarbeiterin. Mich. Und ich habe sie von Herzen lieb, aber manchmal fühle ich mich ihr nicht auf die Art verbunden, wie es sich für eine Tochter gehört; ich bin siebzehn und kann es kaum erwarten, von zu Hause auszuziehen. Meine Mutter macht sich die ganze Zeit Sorgen. Wohin gehst du? Mit wem? Wann kommst du zurück? Der Todesfluch schwebt immer noch über uns, meint sie. So kommt es mir zumindest vor, aber ich frage sie nicht, denn obwohl wir im selben Haus wohnen, könnte man meinen, wir existierten auf verschiedenen Planeten. Sie bereitet Gourmetmenüs zu, nur um uns beim Servieren die Freude daran zu verderben, indem sie uns erklärt, mit welchen Zutaten alles noch viel besser geschmeckt hätte. Sie überlegt, Abendkurse zu belegen, umkringelt sogar Anzeigen in der Zeitung, tut aber nichts. Ihr Leben ist eng. Unser Leben ist eng. Aber eines Tages, wenn ich älter bin, werde ich mich aus dieser Enge befreien, denke ich, ich kann es kaum erwarten.

Jetzt bin ich also erwachsen, und mein Leben ist etwas weniger eng. Ich bin verheiratet. Manchmal verstecke ich mich vor meiner Mutter und ihrem hervorragenden eingelegten Gemüse und den selbst gemachten Marmeladen. Aber ich will mehr. Sie ist erst sechzig, ich erst siebenunddreißig. Und hoffentlich haben wir noch viel Zeit miteinander.

Wahrscheinlich will ich mehr Nähe und die innige Verbindung, von der ich weiß, dass sie möglich wäre. Jetzt, wo ich älter bin, erkenne ich, dass wir uns ähnlicher sind, als ich dachte. Wir haben denselben Humor, manche Aufgaben, zum Beispiel Möbel kaufen oder Formulare ausfüllen, setzen uns massiv unter Druck, und wir beide neigen zum selben erschreckenden Perfektionismus. Bei ihr äußert er sich in Eingemachtem und Eingelegtem, bei mir in der Arbeit. Ich genieße ihre Gesellschaft, und die Zeit, die wir miteinander verbringen, verläuft harmonisch und anregend. Für uns beide, glaube ich.

Und doch ist meine Beziehung zu meiner Mutter nicht aufrichtig. Sogar, wenn ich mich nicht vor ihr verstecke, lasse ich sie manchmal nicht rein. Sie will mehr über meine Beziehung zu Tony oder meine Arbeit wissen, aber ich erzähle ihr nichts, weil sie sich sonst wieder Sorgen macht.

Ich glaube, diese Sehnsucht nach einer innigeren Verbindung und nach mehr Nähe hat mich dazu bewogen, mich mit anderen Töchtern zusammenzusetzen, die ihr Verhältnis zu ihren Müttern ebenfalls verbessern wollen. »Fremde«, höre ich meine Mutter sagen. »Wozu soll das gut sein?« Wie so oft, hat meine Mutter in gewisser Weise recht.

Aber ich habe trotzdem an diesem ersten Treffen teilgenommen. Ich erinnere mich noch genau daran, weil es damals in Strömen regnete. Außerdem war es ungewöhnlich kalt, sogar für Februar. Wäre man abergläubisch, hätte man das grässliche Wetter auch als schlechtes Omen deuten können, aber kaum hatte ich Natashas von Kerzen erleuchtetes Haus betreten, das leckere Essen gerochen und in die nervös lächelnden Gesichter der anderen Töchter geblickt, waren meine Befürchtungen verflogen. Ich fühlte mich gut aufgehoben. Wir sind uns alle einig und erleben es immer noch wie ein kleines Wunder, aber dieser erste Abend war trotz der allgemeinen Nervosität wie eine Offenbarung. Dieses Gefühl, dass wir alle trotz unserer unterschiedlichen Geschichten zusammengekommen waren, weil wir ein gemeinsames Ziel verfolgten. Ich glaube, zu einem späteren Zeitpunkt riss eine von uns sogar Witze darüber und bezeichnete unsere Gruppe als »betreutes Fühlen«, aber es bestand tatsächlich sofort eine Verbindung.

An jenem Abend sprach ich länger als je zuvor über meine Mutter. Das taten wir, glaube ich, alle. Wir aßen, manche tranken und rauchten. Wir unterstrichen die Vorschläge auf Natashas Liste, die uns ansprachen. Wenn ich mich recht erinnere, habe ich sie alle unterstrichen. Doch eins war mir besonders wichtig: mit meiner Mutter zu verreisen. Unsere früheren gemeinsamen Reisen endeten regelmäßig in einer Katastrophe. Sie nervte mich ja schon zu Hause, aber im Urlaub steigerte sich das Ganze ins Unerträgliche. Ich wollte es schaffen, den Urlaub mit meiner Mutter zu genießen. Also stand dieser Vorsatz bei mir ganz oben auf der Liste. Am Ende taumelten wir beseelt von dem, was wir einander anvertraut hatten, in die immer noch eiskalte, nasse Nacht. Ich weiß nicht, was die anderen von unserem ersten Treffen hielten, aber ich fand es erstaunlich, dass man einen so netten Abend damit verbringen konnte, einfach nur über seine Mutter zu quatschen.

Ich amüsierte mich damals köstlich. Was ich mir vorgenommen hatte, war weitaus weniger amüsant – ich musste mir wohl oder übel an meiner Mutter »die Hände schmutzig machen«, wie Natasha es nannte, und an unserem Verhältnis arbeiten. Als Mitglied des Clubs der Töchter hatte ich mich dazu verpflichtet, also musste ich mich meiner Aufgabe stellen.

Gedanken zur Tochter, die nie Zeit hat

Natasha

Wenn meine Mutter anruft, erscheint auf meinem Handy-Display ein Bild von ihr auf einem Moped. Das Foto entstand während eines Familienurlaubs in Portugal. »Ich verstehe nicht, warum du ausgerechnet dieses Bild von mir auf deinem Handy hast. Meine Frisur ist total durcheinander, und ich sehe so alt aus.« Das ist mir egal, ich finde es wunderbar.

Dieses Bild von meiner Mutter auf dem Moped sehe ich also, wenn sie anruft: »Tut mir leid, dass ich dich bei der Arbeit störe, ich weiß, du hast keine Zeit, Liebes, aber ...« Ich gehe fast immer ans Telefon, besonders seit ich weiß, wie krank sie ist. Wir sprechen täglich miteinander, meist am späteren Vormittag, so um elf, und dann noch mal am Abend. Nur wenn es partout nicht passt, lasse ich es klingeln oder wimmele sie ab. Wenn ich zum Beispiel auf der Arbeit bin und einen Termin habe. Meist läuft eine solche Unterhaltung nach folgendem Schema ab: »Tut mir echt leid, ich kann gerade nicht. Ist was nicht in Ordnung?«, frage ich. »Nein, ich wollte nur wissen ...«, setzt sie an, aber bevor sie noch mehr sagen kann, fahre ich mit Überschallgeschwindigkeit dazwischen: »Gehtjetztnichtrufedichgleichzurück.« Dagegen kommt sie nicht an. Später melde ich mich dann bei ihr und entschuldige mich dafür, dass ich sie abgewürgt habe. »Tut mir leid, ich hatte einfach keine Zeit ...« Danach machen wir weiter, als wäre nichts geschehen.

»Meine Mutter hat einen völlig anderen Lebensrhythmus als ich«, sagte neulich eine Freundin zu mir. »Das merke ich vor allem auf der Arbeit. Sie ruft in den unpassendsten Augenblicken an. Dabei weiß sie genau, dass ich keine Zeit für sie habe, aber wenn ich ihr sage, dass ich so viel zu tun habe und gerade nicht mit ihr sprechen kann, fragt sie mich glatt, was denn so wichtig sei. Das macht mich rasend.«

Mütter haben bei ihren viel beschäftigten Töchtern einen schweren Stand. Bei unseren monatlichen Gesprächen kamen wir zu dem Schluss, dass unsere Mütter im Allgemeinen mehr Zeit für ihre Töchter haben als ihre Töchter für sie. Dieser Umstand allein führt zu Spannungen und Irritationen. Meine Freundin Janice zum Beispiel liefert sich regelmäßige Wortgefechte mit ihrer Mutter, meist am Telefon, weil sie sie für zu neugierig hält und findet, dass ihre Mutter sich über zu viele Kleinigkeiten in ihrer beider Leben Gedanken mache.

Sie stellt ihr Fragen wie: »Und wo gehst du morgen Mittag essen?« oder: »Meinst du nicht, du solltest das Anmeldeformular für den Musikunterricht für die Kinder langsam wegschicken?« Bei solchen, völlig arglosen Bemerkungen stellen sich Janice sofort die Nackenhaare auf, die Wirkung ist ähnlich wie bei dem Geräusch von Fingernägeln, die über eine Tafel kratzen. »Ich bin ständig hin- und hergerissen zwischen dem Ärger darüber, dass meine Mutter mir hinterherspioniert, und der Freude, dass sie sich für meinen Alltag interessiert. Mal ehrlich, wen, außer sie, interessiert das schon?«

Schon gewusst? Mütter neigen dazu, ihre Kinder zu bemuttern. Dafür können sie nichts. Trotzdem regen wir uns maßlos darüber auf, dass Mütter etwas tun, was für sie so natürlich und normal ist wie eine Tasse Tee zum Frühstück.

Oft läuft die Uhr, sobald bei uns das Telefon klingelt oder unsere Mütter an die Tür klopfen, um mal wieder mit uns zu quatschen. Wenn sie dabei überhaupt so weit kommen, ein paar Sätze zu sagen, bevor wir ihnen ins Wort fallen, ist das meist schon ein Wunder. Sie arbeiten gegen die Zeit, und im schlimmsten Fall beginnen sie eine solche Unterhaltung mit einer Entschuldigung.

»Tut mir leid, hoffentlich macht es dir nichts aus, dass ich anrufe ...« oder: »Hallo meine Liebe, ich hoffe, ich störe nicht. Ich will auch gar nicht lange bleiben ...« In Wahrheit haben unsere Mütter Angst davor, uns in unserem hektischen Alltag zur Last zu fallen. Es passiert nicht selten, dass ich mit einer Freundin zusammensitze und das Telefon klingelt. Wenn ich dann sage: »Geh ruhig ran, wenn es wichtig ist«, bekomme ich regelmäßig die Antwort: »Das kann warten, ist ja nur meine Mutter. Die rufe ich später zurück.« »Nur meine Mutter«? Wieso haben es viele Mütter im Leben ihrer viel beschäftigten Töchter so schwer? Früher haben wir doch immer sie angerufen, sind zum Essen, mit der Schmutzwäsche oder zum Herzausschütten nach Hause gefahren. Doch unsere Anrufe und Besuche wurden immer seltener. Irgendwann lebten wir dann in unserer eigenen Welt, und am Ende hieß es: »Ist ja nur meine Mutter.« Sind unsere Mütter tatsächlich so nervig, dass sie so eine Reaktion verdient haben? Haben wir so wenig Zeit, dass wir ihren Anruf nicht entgegennehmen können?

Natürlich gibt es Mütter, die ihre Töchter in den Wahnsinn treiben, weil sie stets zu den unpassendsten Zeiten anrufen oder vor der Tür stehen, und sicherlich gibt es auch Mütter, die sich einfach nicht dem Zeitplan ihrer Töchter unterordnen wollen. Die meisten von uns geben unseren Müttern aber nicht mal den Hinweis, dass ein Anruf oder Besuch zur Mittagszeit, am Wochenende oder wenn die Kinder im Bett sind am günstigsten wären. Stattdessen reagieren wir verärgert und schroff – unternehmen aber nichts. Deshalb geschieht es wieder und wieder, und wir bleiben in diesem Kreislauf gefangen.

Wie aber vermeiden wir Schuldgefühle, wenn wir einfach zu müde sind? Kinder zur Schule bringen, arbeiten, Essen kochen, einkaufen: An solchen Tagen hat mir ein Anruf von meiner Mutter gerade noch gefehlt.

Wenn also eine Situation immer wiederkehrt und regelmäßig Unzufriedenheit auslöst, braucht es offensichtlich eine Lösung. Ich bin ein großer Fan von Strategien, denn dadurch setzt man sich klare Ziele, man definiert Wünsche und unternimmt geplante Schritte, um diese Ziele zu erreichen. Es ist mir durchaus bewusst, dass es vielleicht etwas übertrieben klingt, aber es spricht nichts dagegen, auch im Privatleben oder in Beziehungen mit Strategien zu arbeiten. Also auch in der Beziehung zu unseren Müttern.

Nehmen wir mal an, Sie setzen sich zum Ziel, mit Ihrer Mutter Zeiten festzulegen, zu denen ihre Anrufe oder Besuche am sinnvollsten sind. Dieses Ziel möchten Sie erreichen, ohne Schuldgefühle zu haben und ohne Ihrer Mutter das Gefühl zu vermitteln, sie sei unwichtig oder werde nicht wertgeschätzt. Wie soll das gehen? Sagen Sie es ihr! Erzählen Sie ihr einfach, wie es Ihnen geht, und einigen Sie sich mit ihr auf eine Lösung, die für beide tragbar ist. Trauen Sie sich!

Schildern Sie ihr genau, wie Sie die Situation erleben. »Mama, weißt du, wenn du mich auf der Arbeit anrufst oder mich unangekündigt besuchst ...« Was löst das bei Ihnen aus? »Das setzt mich unter Druck und ...« Was passiert dann? »Meine Arbeit bleibt liegen, und ich schaffe mein Pensum nicht ...« oder: »Ich hetze mich den Rest des Tages ab, damit ich die nötigen Dinge im Haushalt erledigt bekomme.« Wie kann man dieses Problem lösen? »Wie wäre es, wenn wir uns auf bestimmte Zeiten einigen, zu denen du mich anrufen kannst? Was hältst du davon, mit mir abzusprechen, wann du mich besuchen kommst?« Das klingt vielleicht kalt und geschäftsmäßig, aber in Wahrheit schützt diese Übereinkunft Ihre Mutter, denn wenn sie Sie jetzt anruft oder besucht, haben Sie Zeit für sie, reagieren nicht unwirsch und wimmeln sie auch nicht ab.

Ich habe diese Technik sowohl auf der Arbeit als auch im Umgang mit meiner Mutter angewandt. Kurz nach ihrer Lupus-Diagnose nahmen ihre spontanen Anrufe zu, und ich merkte, dass ich sie sehr unfreundlich behandelte. Das früher so geliebte Bild von ihr auf dem Moped löste bei mir wachsenden Unwillen aus. In der Hektik unseres Alltags, zerrissen zwischen Arbeit, Haushalt, Freunden, Terminen, Kindern und Partnern bleibt immer weniger Platz für unsere Mütter. Deshalb müssen wir uns irgendwann bewusst dazu entscheiden, ihnen Zeit in unserem Leben einzuräumen. Um meine Mutter zu schützen und mich zu entlasten, setzte ich mich mit ihr zusammen, sprach über das Problem und handelte mit ihr eine Lösung aus.

Beruflich und privat stark eingespannte Töchter berichteten mir, dass spontane Besuche oder Anrufe ihrer Mütter seltener wurden, nachdem sie ihnen auf diese Art sanft und respektvoll Grenzen gesetzt hatten. Der beiderseitige Druck, erzählten sie, sei gewichen. Hilfreich ist es auch, sich zu vergegenwärtigen, dass nicht nur Töchter viel zu tun haben – auch Mütter haben Termine.

Sophie:

Die Tochter der Depression

Ich gehöre nicht zu den Leuten, die Leserbriefe schreiben. Lieber behalte ich die Dinge für mich. Ich würde mich als zurückhaltenden Menschen bezeichnen. Diskret. Eigenständig. Mein Freundeskreis ist klein, und wir unterhalten uns nicht ständig über unser Privatleben. Wir gehen miteinander Essen oder Wandern. Meine Freunde sind Menschen, die sich von Problemen nicht unterkriegen lassen. Sie sind stoisch. Das bin ich auch. Zumindest versuche ich es.

Über meine Mutter spreche ich nicht oft. Ich habe zwei enge Freundinnen. Die Mutter der einen ist schon vor Jahren gestorben, die andere versteht sich blendend mit ihrer Mutter. Dieses Thema spielt also bei unseren Treffen keine Rolle. Ohnehin hätte ich das Gefühl, mein Gegenüber damit zu langweilen, selbst meine besten Freundinnen. Über die Jahre habe ich gelernt, auf die Frage nach meiner Mutter mit wohlüberlegten, wenig aussagekräftigen Antworten zu reagieren. Mit meinen Freundinnen rede ich lieber über positive Themen. Unsere Pläne, erfreuliche Ereignisse. Die Dinge, die ich über meine Mutter zu sagen hätte, wären eine totale Spaßbremse. Meine Tochter Jo sagt das immer: Spaßbremse.

Keine Ahnung, warum ich mich auf den Aufruf gemeldet habe. Wahrscheinlich war das so eine Sache, die man manchmal einfach macht, ohne darüber nachzudenken. Hätte ich das getan, wäre es wahrscheinlich nie dazu gekommen. Ich habe die Mail ganz schnell weggeschickt und keine Reaktion erwartet. Rückblickend wollte ich damit wahrscheinlich eine kleine Marke setzen, auf der steht: »Hier bin ich, meine Geschichte mit meiner Mutter hat mich mein ganzes Leben lang traurig gemacht. Wahrscheinlich wird sich das auch nicht mehr ändern.«

Hier ist meine Mail:

Hi Róisín,

den Aufruf habe ich mit großem Interesse gelesen. Meine Mutter und ich hatten noch nie ein besonders inniges Verhältnis. Ich bin Anfang dreißig und habe eine fünfzehnjährige Tochter. Meine Mutter ist Mitte siebzig und leidet unter Depressionen. Schon während meiner Kindheit war das ein Problem. Sie hatte ein hartes Leben. Unser schlechtes Verhältnis hat mich in meinem Selbstwertgefühl beeinträchtigt und macht mich oft sehr traurig.

Ich habe mittlerweile akzeptiert, dass man die Vergangenheit nicht ändern kann. Es hat lange gedauert, bis ich so weit war. Aber ich möchte gern versuchen, mich mit meiner Mutter auszusöhnen, bevor es zu spät ist.

Ich wäre sehr an einer Teilnahme an Ihrer Studie interessiert, denn ich glaube, das könnte uns beide weiterbringen, und auch meine Tochter würde davon profitieren, denn sie spürt meine Traurigkeit. Ich bin alleinerziehend und betreibe ein kleines Architekturbüro in Dublin. Ich bin offen für alles, was zu einer Versöhnung beitragen könnte und uns hilft, einander das zu zeigen, was wir verstecken: dass wir uns, im tiefsten Inneren, lieben.

Mit zunehmendem Alter denke ich öfter über mein Leben nach, und unwillkürlich vergleiche ich mein Verhältnis zu meiner Mutter mit meiner gesunden, liebevollen Beziehung zu meiner Tochter. Und dann bedaure ich es sehr, dass es zwischen mir und meiner Mutter nicht anders ist.

Sophie

Nachdem ich also meine Marke gesetzt hatte, vergaß ich die Sache wieder. Nicht mal erleichtert fühlte ich mich. Es war einfach eine spontane Entscheidung gewesen, die mir rückblickend fast ein wenig albern vorkam. Also widmete ich mich wieder meinem Alltag.

Keine Ahnung, warum ich mir das hier antue. Ich sitze an einem Tisch voller freundlich dreinblickender Frauen. Es gibt Chili und Wein und duftet nach Knoblauchbrot. Wahrscheinlich selbst gebacken.

Ich werde versuchen, meine inneren Widerstände aufzugeben. Als die Frau namens Maeve erzählt, wie sie sich vor ihrer Mutter versteckt, muss ich lachen, aber während die anderen Töchter hier so unverkrampft von ihrer Beziehung zu ihren Müttern plaudern, ergreift mich eine tiefe Sehnsucht, die mich traurig macht. Es fällt mir schwer, ihnen zuzuhören, denn ihre Geschichten stoßen mich auf das, was ich in meinem Leben so schmerzlich vermisse. Hastig trinke ich einen großen Schluck Wein, um das Gefühl hinunterzuspülen, aber es funktioniert nicht. Ich komme mir allein vor, als würde ich nicht dazugehören. Doch dann erzählt eine andere Frau von ihrer Mutter, und ihre Stimme klingt überhaupt nicht so liebevoll wie bei den anderen. Sie entschuldigt sich nicht für ihre Kälte der Frau gegenüber, die sie großgezogen hat. Diese Mutter kommt mir bekannt vor. Jetzt kann ich mich entspannen. In dieser Welt fühle ich mich nicht mehr fremd.

Als ich an der Reihe bin, kommt mir kein Wort über die Lippen, so sehr verängstigt mich die ganze Situation. Die Frauen warten geduldig, sie verstehen offenbar, wie schmerzlich das für mich ist. Ich versuche es mit Flüstern. Das wirkt, die ersten Worte sind raus.

Schon als ich klein war, schämte ich mich für meine Situation, eben die typische Scham einer Tochter, deren Mutter manisch-depressiv ist. Da waren die Anrufe von Menschen, die behaupteten, meine Mutter irre ziellos auf der Hauptstraße umher, und mich darum baten, sie abzuholen. Oder die Anrufe aus Krankenhäusern, in die sie gerade eingewiesen wurde.

Zunächst versichere ich den fremden Frauen, dass meine Mutter kein schlechter Mensch sei. Ich finde es wichtig, das gleich zu Beginn klarzustellen. Meine Mutter ist liebevoll und gut, und ich nehme nicht an dieser Runde teil, weil sie eine grässliche, gemeine Person wäre, sondern weil sie einfach nicht zu mütterlichen Regungen und Gefühlen fähig ist. Die in den meisten Familien völlig selbstverständlichen, leichthin ausgeführten mütterlichen Gesten haben mich als Kind immer tief beeindruckt. Mit Staunen beobachtete ich, wie meine Klassenkameraden bemuttert, angelächelt oder auch mal ausgeschimpft wurden, ihre Mütter strubbelten ihnen liebevoll durchs Haar und halfen ihnen bei den Hausaufgaben, stritten sich mit ihnen über alltägliche Dinge. Manchmal beobachtete ich, wie sie sich zunächst in gespielter Abwehr gegen die Umarmung sträubten, nur um sich schließlich doch eng an ihre Mütter zu schmiegen.

Warum, so fragte ich mich dann, konnte es bei mir nicht auch so sein? Warum hatte ich keine Mutter, die Süßigkeiten für ihre Kinder in der Schürzentasche trug und ihnen lustige Kosenamen verpasste? Ich fragte mich, warum etwas scheinbar so Einfaches wie eine Umarmung, die ich in anderen Familien zigfach gesehen hatte, in unserem Haus so selten vorkam? Meine ganze Kindheit über stellte ich mir diese Fragen. Erst Jahre später fand ich die Antworten.

Ich weiß, dass meine Mutter auch kein gutes Verhältnis zu ihrer Mutter hatte. Meine Großmutter war zweifellos eine charismatische Frau, doch sie konnte auch gemein und berechnend sein. Manchmal erzählte mir meine Mutter Geschichten über sie, doch sie handelten nie von Liebe oder Zuneigung. Meine Mutter entfloh ihrem Elternhaus und heiratete einen charismatischen Mann, zumindest sagten das alle, der jedoch auch gemein und berechnend sein konnte. Meine Mutter setzte das Muster ihrer Kindheit fort. Mein Vater war ein Geschäftsmann, der mit einer Investition zu viel Geld gekommen war, das er mit einer anderen wieder verlor. Dieser Kreislauf ging jahrelang so weiter, was uns Kindern (ich habe zwei Schwestern) ein Leben wie eine Achterbahnfahrt bescherte. Wir zogen mehrmals um. Meine Eltern stritten ständig. Heute weiß ich, dass sie eine destruktive Beziehung führten. Meine Mutter musste viel aushalten.

Als ich elf war, zog mein Vater plötzlich nach England. Noch heute pendelt er zwischen England und Irland hin und her. Meine älteren Schwestern wurden ins Internat gesteckt, und ich blieb allein mit einer Mutter zurück, die keine war – das weiß ich heute. Meine Mutter war nicht einmal in der Lage, ihre Kinder zu umarmen. Das meine ich ganz wörtlich: Sie schaffte es nicht, liebevoll die Arme auszubreiten. Meine Mutter war eine Frau, die den ganzen Tag im Bikini durch die Wohnung lief und Dinge sagte wie: »Bist du glücklich, mein Schatz? Ach, es ist so schön, glücklich zu sein«, während ihr die Tränen über die Wangen liefen. Sie konnte von einer Sekunde auf die andere ruppig werden oder einfach gar nicht mehr reagieren, und wenn das passierte, musste ich einen Krankenwagen rufen. Nie wusste ich, ob sie wieder nach Hause zurückkehren würde, und wenn, in welchem Zustand.

Erst als Teenager bemerkte ich, dass diese Situation nicht normal war, und ich fragte mich, warum ich eigentlich ganz allein damit klarkommen musste. Ich kann mich noch besonders gut an eine bestimmte Nacht erinnern, damals war ich vierzehn. Meine Mutter lag in einem völlig katatonischen Zustand im Bett (was ich damals natürlich noch nicht so benennen konnte) und sagte mir immer wieder, dass sie sterben wolle und ihr Leben nicht lebenswert sei. Ich wusste mir nicht anders zu helfen, als auf sie einzureden:

»Es wird alles gut, Mum«, beschwichtigte ich sie. »Es gibt doch so viel, wofür es sich zu leben lohnt. Wir brauchen dich. Wir lieben dich. Was ist mit uns?« Die ganze Nacht lag ich neben ihr, hatte Angst einzuschlafen und ihr Bett am nächsten Morgen leer vorzufinden.

Ich hätte jemanden aus der Familie anrufen können, aber eine Art unausgesprochener Kodex hielt mich davor zurück. Am nächsten Tag kamen ein paar Verwandte unangemeldet vorbei und bestanden darauf, nach oben ins Schlafzimmer zu gehen, um nach ihr zu sehen.

Meine Mutter lag da und weinte. Sie hatte ins Bett gemacht. Die Verwandten standen im Türrahmen und sprachen über sie, als wäre sie gar nicht anwesend. Ich weiß noch, dass ich diese Situation als zutiefst entwürdigend empfand. Sie mochte diese Leute nicht einmal. Ich hatte als Tochter versagt, weil ich sie nicht vor ihren Blicken geschützt hatte.

»Bist du glücklich, Schatz?«

Nein.

Ich bin vierzehn Jahre alt und mutterseelenallein, und mit Glück hat das nichts zu tun, falls es jemand genau wissen will.

Später erfuhr ich, dass meine Mutter an Depressionen litt. Viel später. Aber jahrelang hatte ich davon keine Ahnung. Depressionen, das bedeutet regelmäßige Aufenthalte in psychiatrischen Einrichtungen und ständig wechselnde Medikamente, das ist wohl alles an Behandlung, wie ich das sehe.

Heute habe ich selbst eine Tochter, meine süße Jo. Ich spüre die Verantwortung der Mutterschaft so deutlich, dass mir dieses fehlende Gefühl bei meiner Mutter ein echtes Rätsel ist. Aber bei alldem gibt es vielleicht einen positiven Effekt. Meine Kindheit hat mich zu der Mutter gemacht, die ich heute bin, und das ist gut so.

Immer wieder hinterfrage ich mich als Mutter: Was hätte ich damals gewollt? Was hätte ich gebraucht? Und die wichtigste Antwort, an die ich mich stets halten kann, lautet: eine Mutter, die mich beschützt, wertschätzt und umhegt. Als Kind sehnte ich mich nach einer Löwenmutter, die sich für mich stark machen würde. Als Heranwachsende fühlte ich mich nie sicher, nicht mal annähernd. Ich wusste gar nicht, wie es war, beschützt und verteidigt zu werden. Und doch gelang es mir irgendwie, den Kreislauf zu durchbrechen. Jo genießt die Nestwärme, die ich nicht hatte. Und das macht mich froh.

Meine Therapeutin rät mir, mein Leben wie im Rückspiegel eines Autos zu betrachten und dabei Szenen, Augenblicke und Bilder Revue passieren zu lassen. Diese Übung dient dazu, die Kränkungen, Verwirrungen und dysfunktionalen Beziehungsstrukturen rückblickend zu erkennen und dann bewusst hinter mir zu lassen. Ich möchte meine Vergangenheit nicht leichtfertig abstreifen, denn es ist wichtig, Vergangenes anzuschauen und zu akzeptieren. Aber dann gilt es, Gas zu geben.

Nachdem ich meine Geschichte »gebeichtet« hatte – die Tochter einer psychisch kranken Frau zu sein, erfüllt mich wider besseres Wissen immer noch mit Scham –, schilderte ich der Gruppe auch ein paar besondere Momente. Ein solcher Moment ergab sich erst kürzlich. Meine Mutter hat am selben Tag Geburtstag wie meine Tochter. Zur Feier des

Tages hatte ich einen Familienausflug geplant. Mein Vater sagte ab, ich beließ es dabei. So blieben wir drei Frauen unter uns. Wir saßen in einem schicken Restaurant, plauderten, lachten und genossen es, bedient zu werden. Als meine Tochter und meine Mutter besonders herzlich über etwas lachten, ertappte ich mich bei folgendem Gedanken: Ja, sie war mir nicht die Mutter, die ich gebraucht oder mir gewünscht hätte, aber sie hier mit meiner Tochter lachen zu sehen, ist gut. An diesen besonderen Momenten halte ich mich fest. Und ich möchte mehr davon erleben. Es soll eine ganze Schatztruhe an glücklichen Momenten für meine Tochter geben, in der keine Traurigkeit und Kränkungen stecken, denn obwohl ich mir so viel Mühe mit meiner Tochter gegeben habe, weiß ich, dass sie auch meinen Schmerz und meine Sorgen mitbekommen hat.

Es hat lange gedauert, bis ich in der Lage war, einen Schritt zurückzutreten und meine Mutter mit unverstelltem Blick zu betrachten. Ich sah eine gequälte Person, die keinen Frieden findet. Eine von Sorgen und Schuldgefühlen getriebene Frau. Eine Frau, die nicht weiß, wie man einen geliebten Menschen umarmt. Wenn wir einen guten Tag haben und uns einigermaßen verstehen, lege ich ihr manchmal den Arm um die Schulter, aber sie erwidert die Geste nicht. Wie immer baumeln ihre Arme einfach am Körper herunter. Dann versuche ich es mit Humor. »Hey, weißt du, was eine Umarmung ist? Man breitet beide Arme aus und umschließt sein Gegenüber. Bären machen das ständig. Und kleine Kinder.« An guten Tagen entlocke ich ihr damit ein Lächeln. Dann stelle ich mir vor, dass sie mich damit umarmt.

Doch vor Kurzem hat sich ihr Zustand verschlimmert. Bei unserem letzten Treffen fiel mir auf, dass etwas nicht stimmte. Ich fragte, was los sei. Sie wirkte etwas abgestumpft und erschöpft. Sie habe schlecht geschlafen und auch keine Schlaftabletten mehr, antwortete sie, aber der Apotheker verweigere ihr den Nachschub. Das Ganze erschien mir recht wirr.

Kurze Zeit später erlitt sie einen Nervenzusammenbruch. Es dauerte fünf Tage, bis wir einen Therapieplatz für sie gefunden hatten. Die ganze Zeit über war sie katatonisch. Als ich zu ihr fuhr, saß sie im Nachthemd auf der Treppe. Stundenlang hatte sie schon so dagesessen. Im Haus war es kalt, aber sie lief leicht bekleidet herum. Jemanden in so einem Zustand zu erleben, ist sehr schlimm, aber bei der eigenen Mutter ist es unerträglich, auch wenn unser Verhältnis zueinander nie sehr vertraut war. Ich redete auf sie ein, obwohl ich wusste, dass es nicht zu ihr hindurchdrang. »Los, Mum, wir ziehen dir was Warmes an.« Kaum hatte ich ihr in die Kleider geholfen, verlor sie die Kontrolle über ihre Blase und machte direkt auf die Stufen.

Mein Vater, der sich notgedrungen um sie kümmern musste, war völlig überfordert. Eines Nachts war er so genervt, dass er meine Mutter kurzerhand ins Auto verfrachtete und zu mir brachte. »Deine Mutter ist im Wagen«, sagte er. Ich entgegnete, meine Tochter liege gerade gemütlich mit einer Tasse Tee im Wohnzimmer auf der Couch und schaue fern. »Was soll ich deiner Meinung nach tun? Ich will nicht, dass sie ihre Oma so sieht. Sie muss das nicht mitbekommen. Es reicht, dass ich damit aufwachsen musste.«

Schließlich schickte ich meine Tochter nach oben, bugsierte meine Mutter, die kaum laufen konnte, ins Haus, und wiederholte ständig: »Dir geht's gar nicht gut, Mama, hm?«

Erstaunlich fand ich allerdings die Tatsache, dass ich mir dabei vorkam, als wäre diese Person, die ich hier mit Engelszungen in mein Wohnzimmer lockte, gar nicht meine Mutter. Wir standen uns einfach nicht nahe, weil zwischen uns nie ein Mutter-Tochter-Verhältnis existiert hatte. Ich sah sie an und dachte: Du Arme. Du arme Fremde.

Ich weiß, das klingt jetzt kaltherzig, aber ich kann einfach keine emotionale Bindung zwischen uns spüren. Nicht, dass wir uns falsch verstehen, sie ist mir nicht egal. Aber solche Gefühle, wie ich sie an jenem Abend verspürte, würde ich auch für jede andere bedürftige Person in Not entwickeln. Am Ende haben wir einen Heimplatz für sie organisiert. Meine Schwestern reisten aus Australien und England an und nahmen mir so viel wie möglich ab. Sie waren super. Endlich hatte ich mal eine Auszeit von der Verantwortung. Das Heim organisierte regelmäßige Treffen mit der Familie, eine Art Mediation. Das erleichterte mich. Der Berater saß neben meiner Mutter und erklärte ihr, was passierte. »Ihre Familie ist hier«, sagte er und zeigte auf mich und meine Schwestern, »und alle sorgen sich um Sie.« Und was entgegnete meine Mutter darauf? »Um mich sorgen? Davon weiß ich nichts.« Meine Schwestern und ich tauschten Blicke. »Was soll man damit anfangen?«, fragte ich. »Nichts«, lautete die Antwort des Beraters.

Nach dieser Sitzung ging ich mit meiner Mutter einen Kaffee trinken, in das schäbige kleine Café, in dem Insassen mit ihren Besuchern herumsitzen und sich anschweigen. »Meine Güte«, entfuhr es mir, »wieso hast du das gesagt?« Aber meine Mutter lächelte nur und meinte: »Ach, keine Ahnung ...« Ich erklärte ihr, wie kränkend eine solche Aussage sei. Dass sie überhaupt auf die Idee kommen könne, wir würden uns nicht um sie scheren. Es kam mir vor, als glaube sie das im tiefsten Inneren tatsächlich und könne unsere Liebe gar nicht spüren. Aus diesem Grund kann sie auch niemanden umarmen. Sie ist einfach nicht in der Lage dazu.

Bei unserem Treffen fragten mich die anderen, wie ich mit dem Tod meiner Mutter umgehen würde. Eine Teilnehmerin, ich glaube, es war Natasha, sagte: »Stell dir vor, deine Mutter hätte nur noch dreißig Tage zu leben. Was würdest du tun?«

Ehrlich? Ich glaube, ich würde versuchen, sie zu akzeptieren. Diese nette Frau zu akzeptieren, die einfach keine gute Mutter war. Sie ist lieb, und auf ihre Weise hat sie immer ihr Bestes gegeben. Ich würde mich öfter bei ihr melden. Vielleicht täglich anrufen. Im Moment habe ich wochenlang weder zu meinem Vater noch zu meiner Mutter Kontakt. Sie sind einfach nicht Teil meines Alltags. Wahrscheinlich werde ich meinen Konflikt mit ihr aber nie beilegen. Ich kann das alles nicht einfach in eine Schachtel stecken und eine Schleife drumbinden. Ständig habe ich das Gefühl, meine Mutter misstraue mir irgendwie, als wären meine Motive nicht aufrichtig. Das ist sehr verletzend. Womit habe ich das verdient? Was habe ich ihr getan?

Natürlich habe ich versucht, mit ihr darüber zu reden. »Mum«, habe ich gesagt, »ich weiß, dass du dein Bestes getan hast.« In Wahrheit galten diese Worte eher mir als ihr. Vor sieben Jahren begann ich mit einer Therapie, weil ich Angst hatte. Ich befürchtete, meiner Tochter keine gute Mutter sein zu können, weil ich selbst nie »bemuttert« worden war, und das Muster sich wiederholen würde. Aber irgendwie habe ich es doch hinbekommen und den Teufelskreis durchbrochen. Nun sitze ich hier zusammen mit den anderen Töchtern und spreche über meine Mutter. Aber nicht, weil ich sie verraten will, sondern als weiterer Schritt auf dem Weg zu Akzeptanz und Vergebung. Irgendwo in dieser Geschichte verbirgt sich nämlich Liebe.

Gedanken zur Tochter der Depression

Róisín

Natürlich hatten wir erwartet, nach unserem Aufruf mit bewegenden Geschichten über die verschiedenen Probleme zwischen Müttern und Töchtern konfrontiert zu werden. Doch was Natasha und mich am meisten erschütterte, waren die unzähligen Zuschriften von Frauen, die jahrzehntelang unter der gestörten Beziehung zu ihren psychisch kranken Müttern gelitten hatten. Diese Töchter verfassten ausführliche Briefe, aus denen Verzweiflung, Zorn und Frustration sprachen. »Seit ich denken kann, hat sie mir wehgetan, und selbst heute, wo ich gelernt habe, mich vor ihr zu schützen, kann sie mich tiefer verletzen als jeder andere Mensch«, schrieb eine Frau. »Das hört erst auf, wenn sie tot ist.«

Die Rückmeldungen von Töchtern mit psychisch kranken Müttern zeigten uns, wie eine solche Krankheit ganze Familien zerstören kann. »Ich habe erst jetzt erfahren, welch schlimme Auswirkungen die psychische Erkrankung meiner Mutter auf die Familie meines Vaters hatten. Auch ihre Schwestern haben den Kontakt zu meiner Mutter eingestellt, weil sie sich ihnen gegenüber sehr schlimm benommen hat«, hieß es in einer Mail.

»Als Kind hatte ich keinerlei Bezug zu meiner Mutter«, schrieb eine andere. »Erst nach dem Tod meines Vaters fand ich heraus, dass sie unter einer bipolaren Störung litt, was erklärte, warum meine Mutter während meiner gesamten Kindheit und Jugend ›abwesend‹ war und ich noch heute keine Nähe zu ihr empfinde.«

Eine Frau schilderte uns, wie schwierig es für sie sei, für ihre Mutter zu sorgen, die sie wegen einer psychischen Erkrankung nie liebevoll behandelt habe. »Ich werde nie um meine Mutter trauern können, weil ich nie das Gefühl hatte, eine Mutter zu haben.«

Diese Töchter fühlten sich nirgendwo zugehörig, denn ihre Freundinnen hatten offenbar »normale« Mütter, die sich auch wie solche verhielten.

Da mein Vater unter Schizophrenie litt, war ich mit diesem Thema vertraut, obwohl er starb, als ich acht Jahre alt war. Lange tat ich so, als wären mir seine psychische Verfassung und sogar sein Tod egal. Heute glaube ich, dass ich damals einfach unreif war und meine Familie nie gemeinsam um meinen Vater getrauert hat. Wir haben einfach weitergemacht. Was anderes blieb uns auch nicht übrig.

Heute traue ich mich eher, von der Krankheit meines Vaters zu erzählen, von der Elektroschocktherapie, seinen langen Aufenthalten in der Psychiatrie, den Suizidversuchen. Oft werde ich dann gefragt, ob sein Leiden erblich sei. Da mir destruktives Verhalten, sei es in Verbindung mit Alkohol oder auch in Form von Essstörungen, und emotionale Abgründe nicht unbekannt sind, habe ich mir diese Frage auch schon selbst gestellt. Eine psychische Krankheit in der Familie wirft einen Schatten auf alle Mitglieder. Wie dunkel dieser Schatten ist, beschrieben die Töchter aus solchen Familien in ihren Briefen.

Natasha und ich riefen dieses Projekt ins Leben, um Töchtern durch den Austausch mit anderen zu helfen, sich besser mit ihren Müttern zu verstehen. Keine von uns hat einen psychologischen oder therapeutischen Hintergrund, deshalb können wir nur unseren persönlichen Eindruck wiedergeben.

Die Mutter dient der Tochter als Vorbild, durch sie begreift sie sich selbst und ihre Umwelt. Gibt es dort eine Leerstelle, so wirft das für Frauen wie Sophie viele Fragen auf, die nie beantwortet werden. Liegt es an mir? Wird sie mich je lieben? Passiert mir das später auch?

Psychische Krankheiten sind heute gesellschaftlich akzeptierter und erhalten mehr öffentliche Aufmerksamkeit als je zuvor, die Zeitungen berichten darüber, sogar berühmte Persönlichkeiten sprechen offen über ihre Probleme. Doch Frauen wie Sophie, die ohne die Zuwendung einer psychisch stabilen Mutter aufwachsen, erleben ihre Situation immer noch als Stigma. Und jede dieser Frauen muss für sich einen Weg finden, damit zurechtzukommen.

Cathy:

Die Tochter, die wie ihre Mutter wird

Ich bin ein zynischer Mensch, das gebe ich auch gern zu. Lebenshilfe-Ratgeber lösen bei mir ein müdes Lächeln aus. Ich habe es auch ohne sie geschafft, denn ich glaube fest an meine innere Stärke. Probleme löse ich allein, ich brauche keine Hilfe.

Nun ist es nicht etwa so, dass ich in meinem Leben keine Kämpfe auszufechten hätte. Die letzten Jahre waren eine ziemliche Herausforderung, und ich bediente dabei alle gängigen Klischees des Alterns. Meine Ehe ist auch nicht immer leicht, nichts Dramatisches, eben die für eine langjährige Beziehung typischen Streitereien. Ehrlich gesagt langweilen wir uns miteinander, sind aber zu höflich, das offen auszusprechen. Wir haben so viel gemeinsam – unser schönes Haus, einen guten Job, zwei Urlaubsreisen im Jahr –, da wäre es kleinlich zu jammern. Außerdem glaube ich, dass es in Beziehungen immer auf und ab geht. Ganz bestimmt verliebe ich mich eines Tages wieder in meinen Mann, vielleicht, wenn die Kinder aus dem Haus sind.

Abgesehen vom latenten Unbehagen wegen meiner Ehe gibt es Probleme mit meinem pubertierenden Sohn, der nur noch mit Grunzlauten kommuniziert und sich ansonsten in sein Zimmer einsperrt, wo er die meiste Zeit vor irgendwelchen technischen Geräten rumhängt. Ich habe noch einen Sohn und eine Tochter, beide sind unter neun. Momentan ist in meinem Leben viel los, aber ich schaffe das schon.

Seit Kurzem habe ich den Eindruck, dass sich meine Unruhe in Gegenwart meiner Mutter verstärkt. Ich werde ihr immer ähnlicher, und das gefällt mir überhaupt nicht. Als ich den letzten Satz in Róisíns Kolumne las, fiel mir auf, dass ich viele Dinge einfach von ihr übernommen habe. Meine Kinder amüsieren sich über meine Redewendungen, drolligen Ausdrücke und kleinen Marotten, die ich stets für meine eigenen gehalten hatte. Erst bei genauerem Hinsehen entdeckte ich, dass ich sie alle als Heranwachsende von meiner Mutter gehört hatte. Je länger ich darüber nachdachte, desto deutlicher erkannte ich, dass nicht nur die Werte, die ich meinen Kindern vermittelt hatte, sondern auch meine Problembewältigungsstrategien von meiner Mutter stammten.

Ich gehöre nicht zu den Müttern, die sich so wenig wie möglich in die Erziehung ihrer Kinder einmischen. Das war meine Mutter auch nicht. Sie war der Inbegriff einer Helikopter-Mutter. Zu jeder meiner Entscheidungen hatte sie eine Meinung, sei es meine Haarfarbe oder mein Ehemann. Wenn ich meinem Sohn Jack sage, welche Fächer er in der Schule wählen solle, höre ich die Stimme meiner Mutter. Manchmal mache ich mir nicht mal die Mühe zu erspüren, wo seine Stärken und Interessen liegen, sondern lasse mich von meinen Vorstellungen leiten. Es geht dabei darum, was er meiner Meinung nach tun sollte. Meine Mutter war in vielerlei Hinsicht großartig, aber genauso verhielt sie sich auch bei mir. Und jetzt mache ich es bei meinen Kindern.

Manchmal habe ich das Gefühl, mich in meine Mutter zu verwandeln. Angenommen, da wäre tatsächlich was dran – wäre das so schlimm? Oder vielleicht sogar gut? Róisíns Aufruf kam mir gerade recht, um mich mit diesen Fragen genauer auseinanderzusetzen.

Vor allem aber folgte ich dem Aufruf, um mich mit der zukünftigen Beziehung zu meiner Tochter Jenny und meinen Söhnen auseinanderzusetzen. Könnte ich es schaffen, nur die guten Seiten meiner Mutter zu übernehmen? Wäre es möglich, nur die für meine Kinder nützlichen Anteile herauszufiltern und mir den Rest abzugewöhnen?

Auf den Aufruf zu reagieren, war für jemanden wie mich eher untypisch, aber meine kurze und treffende Zuschrift entsprach ganz meinem Naturell:

Liebe Róisín,
ich glaube, ich werde wie meine Mutter. Möglicherweise ist
das gut so, aber ich bin nicht sicher. Das würde ich gern
herausfinden.
Cathy

Als Natasha mich anrief und mir erklärte, was sie und Róisín vorhatten, schreckte ich zunächst zurück. Der Club der Töchter – das klang wie ein Geheimbund. Aber letztlich kam mir die Sache ganz gelegen, denn seit meine älteste Schwester Lorraine ernsthaft erkrankt war, kreisten meine Gedanken ohnehin ständig um meine Mutter, denn sie brauchte mich auf einmal ganz dringend. Bedürftigkeit war eine völlig neue Seite an ihr. Vielleicht hatte ich aber auch nie genau genug hingesehen.

Ich glaube nicht an Zufälle. Vor zehn Jahren hätte ich auf einen solchen Aufruf nicht reagiert. Ich wäre mir blöd vorgekommen. Doch mit fortschreitendem Alter bin ich selbstsicherer geworden, und heute gebe ich nicht mehr so viel auf die Meinung anderer. Also machte ich mit. Was hatte ich schon zu verlieren? Was könnte denn Schlimmes passieren? Ich hatte praktische, pragmatische Gründe dafür. Wenn man Zahnschmerzen hat, geht man schließlich auch zum Zahnarzt.

Als wir uns bei Natasha versammelten und diese ganzen Geschichten aus den Frauen hervorsprudelten, wurde mir klar, dass es kaum etwas Schwierigeres gibt, als vor einer Gruppe über seine Mutter zu reden.

Eigentlich sollte es in unserer Runde wohl darum gehen, die Beziehung zu unseren Müttern genauer unter die Lupe zu nehmen, doch bei diesem ersten Treffen hatte ich das Gefühl, wir würden uns unsere persönlichsten Geheimnisse anvertrauen. Das Ganze war auf eine Weise intim, die ich nicht genau in Worte fassen konnte. Über unsere Mütter zu sprechen, berührte offenbar den Kern unserer weiblichen Identität. Zunächst hielt ich mich zurück, nicht, weil ich mich nicht traute, sondern weil ich an meine Geschwister denken musste. Säßen sie hier am Tisch, würden sie eine völlig andere Geschichte erzählen. Meine Geschichte mit meiner Mutter ist persönlich, und es könnte durchaus sein, dass die anderen Töchter in dieser Runde etwas in sie hineininterpretierten, was gar nicht da war. Ich hatte Angst, ein falsches Bild von meiner Mutter zu entwerfen und fürchtete, die anderen könnten sie in einem negativen Licht sehen. So ertappte ich mich dabei, ihnen immer und immer wieder zu versichern, wie wunderbar meine Mutter doch sei. Wahrscheinlich meinten sie, ich müsste mir was schönreden.

Außerdem fragte ich mich, wie es mir wohl gehen würde, wenn meine Kinder – vor allem meine Tochter – mit anderen in dieser Form über mich reden würden. Würde mir das gefallen? Wohl kaum. Also kam ich mir richtig fies vor. Wie eine Verräterin.

Als Sophie über ihre Mutter sprach, verspürte ich sogar eine gewisse Erleichterung. Bewundernswert fand ich es allerdings, dass sie offen darüber redete. Das hat mich wirklich beeindruckt. Danach war ich froh, dass mein Verhältnis zu meiner Mutter so leicht zu kitten war, wenn das überhaupt nötig wäre. Sophie zeigte mir durch ihre Geschichte, dass mir so viele Möglichkeiten offenstanden, die ihr verschlossen geblieben waren. Ihre Erfahrungen machten mich traurig, aber ich schöpfte durch sie auch neue Hoffnung, meine Probleme lösen zu können.

Ich wuchs in einem kleinen Dorf im Westen Irlands auf. Der Familie ein gemütliches Heim zu bieten, war das erklärte Lebensziel meiner Mutter. Auf dem Herd köchelte stets ein köstlich duftendes Gericht, im Kamin brannte immer ein Feuer, wir spielten Gesellschaftsspiele – manchmal sogar mehrere gleichzeitig –, und mittendrin wirkte meine Mutter. Die ultimative Matriarchin. Wenn wir bei schlechtem Wetter den Wunsch äußerten, Freunde zu besuchen, tat meine Mutter diesen in ihren Augen lächerlichen Vorschlag mit einer abfälligen Handbewegung ab. Rausgehen? Das Haus verlassen? Wozu? Bei so einem Wetter weilte man nirgends besser als im Kreise der Familie. Also wurde der Vorschlag abgewiesen, und die Person, die auf so eine aberwitzige Idee gekommen war, ihren Platz am Monopolytisch aufzugeben, setzte sich wieder. Friede, Freude, Eierkuchen.

Wir hatten überhaupt keinen Bedarf, Freunde zu besuchen, denn was wir brauchten, fanden wir bei uns zu Hause. Meine Mutter kümmerte sich darum. Freunde kamen stets zu uns, und zwar in Massen, und der Teekuchen meiner Mutter war über die Grenzen der Grafschaft Clare hinaus berühmt. Meine Mutter war eine typische irische Mami, und das meine ich ohne sarkastischen Unterton. Das war ihr Ideal, und danach strebte sie mit Entschlossenheit.

In unserer Familie herrschte ein enger Zusammenhalt, aber als Heranwachsende wurde mir das oft zu viel. Egal, worum es ging, Klamotten, Beziehungen, Geld – immer gab irgendwer seinen Senf dazu. So schön das auch war, manchmal erlebte ich das als Einmischung und Missachtung meiner Privatsphäre. Hatte ich Stress mit meinem Freund, so posaunte mein Bruder gern mal ungefragt seine lächerlichen Ratschläge in die Runde. In solchen Momenten wünschte ich, meine Familie würde erst mal ihre eigenen Probleme lösen, bevor sie die Nase in meine steckte. Aber natürlich machte ich fleißig mit.

Dieses Gefühl auszudrücken oder den anderen auf die Einmischung hinzuweisen, wäre ein Affront gewesen. Verschwenderisch mit Ratschlägen umzugehen, gehörte in meiner Familie zur Lebensart. Das ist auch heute noch so. Auch bei mir. Manchmal ertappe ich mich dabei, meinen Sohn zu fragen, ob er nicht lieber ein gutes T-Shirt anziehen möchte, wenn er mit seinen Freunden unterwegs ist. Wenn ich mich mit meinen Kindern unterhalte, höre ich meine Mutter, die mir erklärt, wie ich meine Socken am besten in die Schublade sortiere. In meiner Erinnerung verdrehe ich die Augen, genau wie mein Sohn es tut, wenn ich ihn mit weitschweifigen Ausführungen über die Wichtigkeit von ordentlicher Kleidung langweile. Ich weiß es selbst: Ich werde wie meine Mutter.

Als wir klein waren, holten meine Geschwister bei allem, was sie taten, zunächst den Rat meiner Mutter ein. Mein Vater war oft nicht zu Hause, deshalb war sie die einzige Ansprechpartnerin. Aber mir war die Meinung meines Vaters wichtiger, weil er mir näherstand. Außerdem war ich selbstständiger als die anderen, rebellisch, wie meine Mutter es nannte. Meine Geschwister fühlten sich meiner Mutter erheblich inniger verbunden als ich. Mittlerweile wohne ich am weitesten von ihr entfernt. Wenn ich jetzt so darüber nachdenke, spricht dieser Umstand vielleicht für sich.

Und dennoch bin ich immer wieder gern in mein Elternhaus zurückgekehrt, besonders, wenn mir alles zu viel wurde. Wie damals, bei meinem Auslandsaufenthalt in Spanien.
Ich war gerade erst vierzehn Tage in Barcelona, da wurde
bei mir eingebrochen. Mein gesamtes Geld war weg! Ich rief
sofort zu Hause an und heulte am Telefon Rotz und Wasser.
Natürlich wusste meine Mutter, was zu tun war. Am nächsten Tag überwies sie mir Geld für ein Flugticket nach Irland. Zu Hause empfing sie mich mit einem heißen Bad und
einem frisch bezogenen Bett, der Teekuchen wartete schon
im Ofen. Wenn ich an meine Mutter denke, fällt mir ihr für-
sorgliches Wesen ein und dieser sichere Hafen, den sie für
uns alle geschaffen hat. Ich habe unzählige Erinnerungen
dieser Art.

Aber je älter ich werde, desto mehr plagt mich die Sorge,
als Tochter nicht mein Bestes gegeben zu haben. Zum Beispiel bei dieser Episode: Obwohl sie vor Jahren an den Knien
operiert wurde, weigert sich meine Mutter, den von uns in-
stallierten Treppenlift zu benutzen. Das Ding hat ein Vermögen gekostet! Ich kann mir vorstellen, dass sie sich nicht
alt fühlen möchte, und möglicherweise könnte ich ihr mit
mehr Einfühlungsvermögen begegnen. Aber das tue ich
nicht. Stattdessen bin ich sauer und lasse das auch manchmal raushängen. Dafür schäme ich mich. Ich erledige meine
Pflichtanrufe bei ihr, aber höre ihr nicht immer aufmerksam
zu. Stattdessen unterbreche ich sie und schreibe ihr vor, was
sie zu tun und zu fühlen hat.

Das Leben ist unberechenbar – diese Erkenntnis ist weder
tiefgründig noch originell, aber als ich so mit den anderen
Frauen zusammensaß, traf sie mich wie ein Schlag.

Ich war nicht nur gekommen, weil ich Angst hatte, wie
meine Mutter zu werden, sondern weil ich spürte, dass ich
mir noch mehr Mühe geben könnte, eine gute Tochter zu

sein. Ich wollte meine Mutter so annehmen, wie sie war. Im Gespräch mit den anderen entwickelte ich einen konkreten Vorsatz. Ich wollte meiner Mutter besser zuhören. Statt ihr ständig Ratschläge zu erteilen, wollte ich herausfinden, was sie eigentlich braucht.

Ich habe zwar das »Einmischungsgen« von ihr geerbt, aber das heißt nicht, dass ich mein Verhalten nicht ändern könnte. Wenn ich die Nase in die Angelegenheiten meines Sohnes stecke, der mit seinen achtzehn Jahren wirklich alt genug ist, eigene Entscheidungen zu treffen, hört er mir nicht mal mehr zu. Er ist dagegen immun. Unter keinen Umständen möchte ich als Glucke gelten, die sich ständig in das Leben ihrer Kinder einmischt. Und noch überflüssiger ist es, sich in das Leben der neunundsiebzigjährigen Mutter einzumischen, denn sie ist mir in Sachen Lebensklugheit um Längen voraus. Ich möchte ihr besser zuhören und sie nicht so oft unterbrechen. Außerdem möchte ich geduldiger und toleranter werden. Die Gespräche haben mich motiviert und mir klargemacht, dass die noch verbleibende Zeit mit der wichtigsten Frau in meinem Leben kostbar ist.

Gedanken zur Tochter, die wie ihre Mutter wird

Róisín

Meine Mutter ist mein größtes Vorbild. Das mag wie ein Klischee klingen, entspricht aber der Wahrheit. Oscar Wilde schrieb: »Alle Frauen werden wie ihre Mütter, das ist ihre Tragödie. Kein Mann wird wie seine Mutter, das ist seine Tragödie.« Es macht mir keine Angst, wie meine Mutter zu werden. Im Gegenteil: Ich fürchte, ihr Vorbild nie zu erreichen.

Neulich las ich irgendwo, dass Frauen, die gleichzeitig Töchter und Mütter seien, eine privilegierte Stellung genießen würden. So hatte ich das noch nie gesehen. Es ist ein Geschenk, beides gleichzeitig erleben zu dürfen. Diese Erkenntnis macht mich sogar ein wenig befangen. Je älter meine Töchter werden, desto größer meine Sorge, ich könnte ihnen nicht das Ein und Alles gewesen sein, das meine Mutter für mich war und ist. Albern, ich weiß, aber das ist eben der Nachteil, wenn man eine so eine fantastische Mutter hat wie ich.

Manchmal erstelle ich zum Spaß im Kopf eine Liste der Eigenheiten, die ich mit meiner Mutter teile. Wir sind beide Optimistinnen. Wir können lachen bis zum Umfallen. So wie neulich an Weihnachten, als meine Mutter von meinem Bruder ein Kleid geschenkt bekam, das sie prompt am Weihnachtstag zum Essen trug. Ich fand das Kleid ein wenig unpassend, sagte aber zunächst nichts. Erst am nächsten Tag fand ich das vermeintliche Kleid im Internet: Es war ein Nachthemd! Das teilte ich ihr natürlich umgehend mit. Nachdem sie sich vom ersten Schock erholt hatte, lagen wir am Boden vor Lachen! Gemeinsam haben wir außerdem unsere Vorliebe für gutes Essen, Barry Manilow und Gilbert O'Sullivan. Die beiden Sänger sind Legenden, Ende der Diskussion. Es gibt aber auch eine Gemeinsamkeit, auf die ich gut verzichten könnte: Wir färben uns beide die Haare.

Während ich über die Gemeinsamkeiten zwischen meiner Mutter und mir nachdenke, wird mir ganz warm ums Herz, sogar dann, wenn es ums Haarefärben geht. Aber ich wünschte, ich hätte viel mehr Eigenschaften von ihr geerbt. Gern wäre ich einfühlsamer, ordentlicher, großzügiger, fürsorglicher, klüger. Mehr Frohnatur, weniger Griesgram. Eines Tages gelingt mir das vielleicht. Für einige

Töchter ist es wahrscheinlich gut, wenn sie werden wie ihre Mütter.

Lily:

Die Tochter des Narzissmus

Jeden Samstag kaufe ich mir ein oder zwei Tageszeitungen, den Luxus gönne ich mir zum Wochenende. An jenem Samstagmorgen saß ich also mit meinen Zeitungen im Wohnzimmer, obwohl ich eigentlich hätte aufräumen müssen. Aber ich hatte keine Lust. Unter meinen Freundinnen sind auch welche mit Kindern, und die jammern oft darüber, dass sie nie zum Zeitunglesen kämen. Ich genieße dieses Ritual sehr.

Wenn ich mich recht erinnere, war mein Mann Rob an jenem Samstag auf dem Golfplatz. Mein schwarzer Kater Billy lag zusammengerollt in einer Ecke des grünen Sofas. Die Sonne schien, das weiß ich deshalb, weil ich Wäsche aufgehängt und mir danach eine rosa Wäscheklammer in die Haare geklemmt hatte, damit sie mir beim Lesen nicht ins Gesicht fielen.

Ich bin schon seit drei Jahren wegen meiner Mutter in Therapie. Als ich den Aufruf las, in dem davon die Rede war, das Verhältnis zu der Mutter zu verbessern, fühlte ich mich angesprochen, wusste aber sofort, dass es bei mir nichts zu verbessern geben würde. Eine ganze Therapie hatte es gebraucht, damit ich diese Tatsache akzeptieren konnte. Zudem hatte ich bereits zwei Bücher über das Thema Narzissmus gelesen. Ich wusste also genau, womit ich es bei meiner Mutter zu tun hatte. Und mir war klar, dass es für mich und meine Mutter kein gutes Ende geben würde.

Nicht nur in Irland werden Mütter verehrt, sondern auf der ganzen Welt. Ich finde das auch angebracht, ehrlich. Aber wenn die eigene Mutter diesem Ideal nicht mal annähernd entspricht, steht man ziemlich allein da. Nicht alle Mütter sind gütig. Jahrelang habe ich mit der Einsamkeit gelebt, die diese Erkenntnis mit sich bringt. Damit meine ich nicht nur eine Mutter, die irgendwie anders ist, sondern auch die mir von ihr zugewiesene Rolle der »schlechten Tochter«.

Immerzu habe ich mich gefragt, was mit mir nicht stimmt. Warum ich nichts richtig machen kann. Habe mich innerlich beschimpft, immer die Stimme meiner Mutter im Kopf: »Du bist fett. Du bist dumm. Dich heiratet sowieso keiner. Du bist eine schlechte Tochter.«

Die Therapie hat mir sehr geholfen. Dadurch wurde mir klar, dass es meiner Mutter nicht gut geht, weil sie unter einer narzisstischen Persönlichkeitsstörung leidet – oder besser gesagt: mich und meinen Vater darunter leiden ließ. Ich erkannte, dass ich daran keine Schuld hatte, und diese Erkenntnis veränderte mein Leben. Aber deswegen kann ich ihr noch lange nicht vergeben.

Mitgefühl für meine Mutter zu empfinden, fällt mir schwer, obwohl ich weiß, was sie wegen ihrer Persönlichkeitsstörung verloren hat, nämlich mich, ihr einziges Kind. Und statt das Glück einer liebevollen Beziehung zu erleben, kontrollierte sie meinen Vater. Freundschaften blieben ihr ebenso versagt wie Spaß und Lebensfreude. Aber vielleicht ist sie sich dessen gar nicht bewusst, und ihre Unwissenheit ist ein Segen.

Obwohl ich froh bin, Hilfe gefunden zu haben, ließ mich der Gedanke nicht los, dass es noch andere Menschen mit ähnlichen Erfahrungen geben muss, die genauso allein dastehen wie ich. Als ich dann den Aufruf in der Zeitung las, dachte ich auch an die vielen anderen einsamen Töchter. Wenn wir uns austauschen könnten, würden wir uns vielleicht nicht mehr so allein fühlen.

Meine Freundinnen werfen mir vor, ich könne mich nicht kurzfassen, und meine E-Mail an Natasha und Róisín war vielleicht ein bisschen zu ausführlich, aber die Gedanken sprudelten förmlich aus mir hervor.

Liebe Róisín,
seit ich denken kann, habe ich ein schlechtes Verhältnis zu meiner Mutter. Sie leidet unter einer narzisstischen Persönlichkeitsstörung, aber das habe ich erst nach drei Jahren Therapie erkannt. Mein Therapeut hat mir gute Strategien an die Hand gegeben, die mir den Umgang mit ihr erleichtern. Nach dem Tod meines Vaters vor zwei Jahren riss unser Kontakt ab. Mittlerweile melde ich mich wieder bei ihr, aber nur sporadisch.
Ich habe mich lange allein gefühlt mit diesem Thema, irgendwie dachte ich, ich hätte selbst Schuld an dem schlechten Verhältnis zu meiner Mutter. Ich hatte das Gefühl, eine missratene Tochter zu sein, gleichzeitig war ich von meinen Eltern enttäuscht. Durch die Therapie verstehe ich die Situation jetzt besser. Geholfen haben mir auch die Geschichten anderer Betroffener, denn dadurch erkannte ich, dass ich mit meinem Problem nicht allein bin. Und heute schreibe ich diese Mail, weil ich hoffe, dass meine Geschichte anderen hilft, sich in einer ähnlichen Situation nicht mehr allein zu fühlen.
Lange Zeit habe ich mir nicht mal ausmalen mögen, selbst Mutter zu sein, weil ich Angst hatte, wie sie zu werden. Denn nicht jede Mutter ist zur Mutter geboren. Das weiß ich aus bitterer Erfahrung.
Momentan versuche ich, meine Beziehung zu ihr wiederaufzunehmen. Wenn Sie dazu Vorschläge haben, würde ich sie gern ausprobieren. Wird es uns gelingen, Freundschaft zu schließen, wie normale Mütter und Töchter miteinander

umzugehen und uns so zu lieben, wie wir sollten? Ich glaube
nicht. Dafür haben Liebe, Respekt und Vertrauen zu viele
Schläge erlitten. Damit will ich nicht sagen, dass bei uns
Hopfen und Malz verloren ist – und ich deshalb nicht für
das Projekt geeignet wäre –, aber ich betrachte die Dinge
realistisch.

Ich möchte mich für Ihre Aktion bedanken. Es ist immer
noch tabu, Mütter nicht für perfekt zu halten. Wir machen
Witze darüber, wie versiert Mütter darin sind, bei uns
Schuldgefühle auszulösen, und manchmal ist das ja lustig –
aber manchmal eben auch nicht. Manche Töchter werden
körperlich misshandelt, andere, wie ich, leiden an Seele und
Geist. Es ist schwer, sich von Misshandlungen zu erholen
und wieder ein glücklicher Mensch zu werden. Ich bin schon
ziemlich weit gekommen. Der Mutter-Mythos muss endlich
als solcher entlarvt werden.
Lily

Bei unserem ersten Treffen war ich ein einziges Nerven-
bündel. Es regnete in Strömen, und ich war extra früher gekommen, weil ich mich erst an die Sache herantasten wollte,
bevor die anderen kämen. Natasha und Róisín hießen mich
willkommen. Es war angenehm, aus dem Regen ins warme
Haus zu treten, aber ich fühlte mich etwas unwohl. Zwar
hatte ich das Gefühl, Róisín durch ihre Kolumne und unsere Korrespondenz ein bisschen zu kennen, aber sie war
trotzdem eine Fremde, genau wie Natasha, mit der ich nur
am Telefon gesprochen hatte. Dann trudelten die anderen
ein. Maeve und Sophie, Cathy und Grace.

An diesem Abend kam ich mir ein bisschen so vor wie bei
den Anonymen Alkoholikern. Es gelang mir, vor versam-
melter Gruppe zu stehen und die Wahrheit über etwas zu
sagen, das mich mein ganzes Leben lang belastet hat.

»Hi, ich bin Lily, und meine Mutter hat nicht zur Mutter getaugt.«

Der Club der Töchter. Der Name klang wie ein Geheimbund, und das gefiel mir. Mein seltsames Geheimnis trage ich schon fast mein ganzes Leben mit mir herum. Ich liebe meine Mutter nicht. Ich mag sie nicht mal. Ich saß also vor diesen Frauen, kurz vor meinem Geständnis, und fragte mich, was sie wohl von mir denken würden. Am liebsten hätte ich Alkohol getrunken, aber ich war mit dem Auto da, deshalb klammerte ich mich an meinem Wasser fest und hörte den anderen zu. Dann war ich dran. »Erzähl uns deine Geschichte«, forderte Natasha mich auf. Und das tat ich dann auch.

Es gibt eine gute Erinnerung. Einmal im Leben habe ich mich wie eine Tochter gefühlt. Ich erhaschte einen kurzen Blick auf das, was meine Freundinnen jeden Tag erlebten, wenn sie mit ihren Müttern lachten. Eine solche Innigkeit habe ich nur ein einziges Mal erlebt. Manchmal zweifele ich sogar daran, dass es wirklich passiert ist. Dann schließe ich die Augen und lasse die Jahre mit meiner Mutter Revue passieren. Ich sehe Geschenke, zum Geburtstag und zu Weihnachten. Mir fallen Sonntagsessen ein, ich sitze an einem großen Tisch und kaue auf meinem Rindfleisch herum, dabei schaue ich aus dem Fenster in den Garten.

Ich bin elf oder zwölf Jahre alt. Wir machen Picknick am Strand. Es gibt gekochte Eier und kühlen knackigen Salat. Meine Mutter hat braunes Brot gebacken und Mayonnaise in ein Gläschen gefüllt. In der Thermoskanne ist Tee. Mein Vater ist nicht dabei, er arbeitet in der Küche unseres Restaurants. Ich habe keine Geschwister, also bin ich mit meiner Mutter allein. Sie spekuliert darüber, was für einen Mann ich wohl später mal heiraten werde. Das ist ihr ganz wichtig, sie ist ganz besessen davon, dass ich einen Mann finde und mit ihm eine Familie gründe. Ich gehe innerlich auf Habacht-stellung, weil ich Angst habe, dass sie wieder vom Speck auf meinen Hüften, am Hintern und Bauch anfängt. Aus einer Zeitschrift weiß ich, dass man so was in meinem Alter Baby-speck nennt, aber das lässt meine Mutter nicht gelten. »Wenn du so weitermachst, bist du bald so breit wie eine Dampfwalze, und dann schaut dich kein Junge an«, sagt sie oft zu mir. Aber dieses Mal geht es tatsächlich um etwas an-deres. »Was für einen Mann würdest du gern heiraten?«, fragt sie mit einem ungewohnten Gesichtsausdruck und ei-ner Art Augenzwinkern. »Er muss lustig sein«, antworte ich. Darauf fängt meine Mutter an zu lachen. Wir sitzen zusam-men da und stellen uns lachend diesen witzigen Mann vor, der eines Tages in mein Leben treten wird. In meiner Erin-nerung scheint die Sonne. Der Moment ist leicht und frisch und voller Verheißung. Es fühlt sich wie ein Neubeginn an. Aber jetzt verstehe ich diesen Augenblick als Ende. Es war das einzige Mal, dass sie mir nahe war.

Wahrscheinlich sollte ich aber besser ganz vorne beginnen. Meine Eltern besaßen ein Restaurant. Sie waren viel älter als die meisten, wenn sie Kinder bekommen, sie war vierund-vierzig, er achtundvierzig. Das erfuhr ich aber erst später – wie so vieles.

Man hat mir erzählt, mein Vater habe mich wie eine Tro-phäe ins Restaurant getragen, hielt mich angeblich triumph-hierend über dem Kopf und überraschte seine Gäste damit beim Mittagessen. Als ich ihn vor ein paar Jahren kurz vor seinem Tod im Krankenhaus besuchte und meine Mutter mir ihre schlimmste Seite präsentierte, zwinkerte er mir zu, als wolle er sagen: »Du und ich, wir wissen, dass sie nicht die Wahrheit sagt, scher dich nicht darum, Liebes.« Mehr konnte er nicht für mich tun, aber es bedeutete mir alles. Ich weiß, dass er mich liebte.

Ich weiß auch, dass meine Eltern mich lange herbeisehnten. Weil ich aber nie die Möglichkeit hatte, mich normal mit meiner Mutter darüber zu unterhalten, kann ich über ihren verzweifelten Kinderwunsch nur spekulieren. Meine Mutter war sehr darauf bedacht, den schönen Schein zu wahren. Sie betrachtete sich und meinen Vater als Stützen der Gesellschaft, als »rechtschaffene Bürger«, wie sie es immer nannte. Eine Ehe ohne Kinder erlebte sie als Versagen. Meine Mutter behauptete stets, die Leute würden »über sie reden«, und ich vermute, dass sie damit meinte, die Leute würden sich darüber unterhalten, dass die Bradys noch keine Kinder hatten. Aufgrund ihres Verhaltens mir gegenüber bin ich zu dem Schluss gekommen, dass sie keinerlei mütterliche Gefühle hegte, doch der gesellschaftliche Druck, Kinder zu bekommen, vermutlich sehr hoch war. Ich war ein Punkt auf ihrer Liste, den es abzuhaken galt. Zumindest glaube ich das heute.

Ich wuchs mit dem Gefühl auf, irgendwie anders zu sein. Mit ungefähr sieben Jahren ärgerte mich ein Mädchen aus meiner Schule mit den Worten: »Du bist adoptiert!« Es klang wie eine Anschuldigung. Dabei wusste ich gar nicht, was das bedeutete, meinetwegen hätte sie mich auch als Tomate bezeichnen können.

Trotzdem erzählte ich es meiner Mutter. Als Reaktion fuhr sie mit mir nach London. Herrlich! Ich kannte niemanden, der schon mal in London gewesen war. Jetzt weiß ich, dass diese Reise mich ablenken sollte. Und es hat funktioniert. Erst Jahre später, im Biologieunterricht, fragte ich mich, warum meine Augen blau und die meiner Eltern braun waren. Das ergab keinen Sinn. Also fragte ich meine Mutter, bekam aber nie eine Antwort.

Ich war also ständig verunsichert. Sicher wusste ich nur, dass ich ein braves Mädchen sein musste, weil »die Leute reden« und wir »rechtschaffene Bürger« waren und alles, was ich tat, auf meine Mutter zurückfallen würde. Also war ich brav und lehnte mich nie auf. Als meine Eltern mich aufs Internat schickten, war ich erleichtert, weil ich die Erwartungen meiner Mutter nicht mehr erfüllen musste und mich stattdessen in der anonymen Masse verstecken konnte.

Nach der Schulzeit zog ich nach Dublin, wo ich bei einer Werbeagentur arbeitete. Ich fühlte mich frei. Endlich konnte ich so sein, wie ich war, und nicht die Rolle der Frau spielen, die meine Mutter aus mir machen wollte. Doch jedes Wochenende musste ich nach Hause fahren, um im Restaurant zu helfen. Das wurde von mir erwartet – denn ich war die gute Tochter.

Dann wurde mein Vater krank. Er musste sich am Knie operieren lassen, und meine Mutter verlangte, dass ich drei Wochen Urlaub nehmen soll, damit ich bei meiner Familie sein könne. Die Tatsache, dass ich ihr prompt gehorchte, zeigte, wie viel Macht sie über mich hatte. Mein Chef lachte mich aus. Dann lehnte er ab. Ich war erleichtert. Die Vorstellung, wieder zu Hause zu wohnen, kam mir wie ein Rückschritt in ein Leben vor, das ich unbedingt hinter mir lassen wollte.

Mit den Jahren fuhr ich immer seltener nach Hause. Es gab einige Beziehungen, mit einem Mann zog ich sogar zusammen. Da setzte sich meine Mutter doch glatt hinter meinem Rücken mit ihm in Verbindung und forderte ihn auf, mich zu heiraten oder die Beziehung zu beenden. Ich schämte mich in Grund und Boden – eine Siebenundzwanzigjährige, deren Mutter im Hintergrund die Fäden zieht! Heute kann ich darüber lachen. Die Beziehung scheiterte, aber nicht wegen meiner Mutter. Dann lernte ich Rob kennen, den witzigen Mann, den ich mir damals beim Picknick gewünscht hatte. Ihn würde ich heiraten. Die Zustimmung meiner Mutter wollte und suchte ich nicht. Zu diesem Zeitpunkt war ich bereits stärker. Dank Rob weiß ich, dass ich gut bin, wie ich bin. Zum ersten Mal fühlte ich mich heil.

Die Wahrheit über mich erfuhr ich vor zehn Jahren, beim Zusammenstellen der nötigen Unterlagen für meine Hochzeit. Ich brauchte eine Geburtsurkunde, die lange auf sich warten ließ. Der Standesbeamte rief an, um nachzufragen, ob ich vielleicht adoptiert wurde. Da erinnerte ich mich an die Worte des Mädchens aus meiner Schule, das Rätsel um meine blauen Augen und die überraschende Reise nach London. »Durchaus möglich«, sagte ich.

Eines Tages erhielt ich einen Brief. Er sah ganz unauffällig aus, enthielt aber meine Adoptionsunterlagen. An jenem Morgen stand ich ziemlich neben mir, hauptsächlich aber verspürte ich Erleichterung. Endlich wusste ich, dass meine Unsicherheit keiner Einbildung geschuldet war.

Die Erkenntnis, dass ich meine Mutter einem unglücklichen Zufall verdankte, einem im Hinterzimmer eines Klosters unterzeichneten Dokument, gab mir einen innerlichen Ruck. Es hätte jeden Säugling treffen können, denke ich mir heute. Aber sie wählte mich. Ein unglücklicher Zufall. Ich war das Opfer. Selbstverständlich konfrontierte ich meine Mutter damit. Diese Unterhaltung war wie ein feuchwarmer Händedruck. Auf meine Frage, warum sie mir nie von der Adoption erzählt habe, meinte sie nur, sie sei davon ausgegangen, ich hätte es sowieso immer gewusst. Weil mir daraufhin die Worte fehlten, fügte sie hinzu: »Ich weiß gar nicht, warum du deswegen so einen Aufstand machst.«

Stattdessen entwickelte sich zwischen meiner Schwiegermutter und mir ein zunehmend inniges Verhältnis. Mittlerweile sind wir sogar noch enger befreundet. Sie weiß, dass ich meinen Tee gern direkt nach dem Essen trinke, und welche Kekse ich mag. Wenn ich nicht gut drauf bin, spürt sie es und muntert mich auf, ohne aufdringlich zu sein. So stelle ich mir eine normale Beziehung zwischen Mutter und Tochter vor. Jetzt verstehe ich endlich, warum darum so ein Theater gemacht wird. Manchmal, wenn meine Schwiegermutter mir meinen Tee mit Scones serviert, die genau so gebacken sind, wie ich sie mag, bilde ich mir einen Augenblick lang ein, diese Frau wäre in Wahrheit meine Mutter.

Stattdessen wuchs ich mit einer Mutter auf, die kein gutes Wort für mich übrig hatte. Ständig mäkelte sie an meinem Gewicht und Aussehen herum. Als Kind wusste ich genau, dass ich nicht aus der Reihe tanzen durfte. Ich wusste genau, was mir ihre Anerkennung eintrug. Benahm ich mich unangemessen, wie damals, als ich neben ihr laufend einen Stein über den Gehweg kickte, entzog sie mir ihre Zuwendung, und zwar gleich mehrere Tage lang. Als Kind buhlte ich ständig um ihre Gunst.

Als ich zu einer jungen Frau heranwuchs, legte ich einige Pfunde zu. Mein Körpergewicht wurde zu einem Thema, das mich nie wieder losließ. Also rebellierte ich, indem ich mich einfach nicht mehr darum scherte. Solange ich nicht dem Schönheitsideal meiner Mutter entsprach, hatte ich die Kontrolle über mein Leben.

Nach einigen Jahren Therapie begriff ich, dass meine Mutter einfach nicht zur Mutterschaft taugte. Nach dieser Erkenntnis hatte ich nur noch sporadisch Kontakt zu ihr. Und nachdem mein Vater gestorben war, sahen wir uns kaum noch. Als es darum ging, gemäß irischer Sitte seine Grabstätte zu segnen, meldete sie sich noch mal bei mir, aber das Treffen war sehr angespannt. Und heute? Ich weiß nicht, wo sie ist. Mein Elternhaus hat sie einfach verkauft, ohne mir vorher Bescheid zu geben. Als mich unser Nachbar deswegen anrief, fuhr ich sofort hin, weil ich es einfach nicht glauben wollte. Ich spähte durchs Fenster und sah, dass alles leer war. Meine alten Spielsachen lagen auf einem Haufen neben dem Kamin. Meine alte Puppe Dottie. Ein ramponiertes Gitterbett.

Ich habe keine Ahnung, wohin sie gezogen ist. Ein alter Freund unserer Familie weiß es. Als mein Vater im Sterben lag, hat er ihn aus Rücksicht auf mich und mein zerrüttetes Verhältnis zu meiner Mutter gebeten, sich nach seinem Tod um sie zu kümmern. Er wusste, dass es mir gut ging, ich war mit einem Mann verheiratet, der für mich sorgen würde. Aber er machte sich Sorgen, dass meine Mutter, die so viele Menschen vor den Kopf gestoßen hatte, allein zurückbleiben würde. Sie war ihm immer noch wichtig.

Dieser Freund hält mich, soweit möglich, auf dem Laufenden, obwohl meine Mutter ihn zum Stillschweigen verpflichtet hat. Von ihm weiß ich, dass sie in einem Wohnheim lebt, aber er verrät mir nicht genau, wo. Man untersucht sie gerade wegen des Verdachts auf Demenz. Nachts schrecke sie angeblich öfter aus ihren Albträumen hoch und rufe: »Lily, Lily, lass mich los! Tu mir nicht weh!« Selbst jetzt, wo ich nicht weiß, wo sie ist, und auch keinen Kontakt zu ihr habe, verbreitet sie Gift und Lügen. Meine Tante, die Schwester meiner Mutter, hat mir kürzlich erzählt, sie habe meine Mutter einmal angefleht, ihr Herz zu öffnen und mich endlich zu behandeln wie ein geliebtes Kind. »Lily ist deine einzige Tochter«, sagte sie zu ihr, »ein bildhübsches Mädchen. Du solltest sie lieben und ihr jeden Tag sagen, wie wunderbar sie ist.« Die Antwort meiner Mutter soll gelautet haben: »Lily? Die hat mich immer nur enttäuscht.«

Der Club der Töchter lauscht meiner Geschichte. Sie erkundigen sich vorsichtig, ob es nicht besser sei, den Kontakt zu ihr ganz abzubrechen. Ob ich das heute in Betracht ziehen würde? Oder ob ein solcher Gedanke für eine Tochter zu grausam sei? Ehrlich gesagt habe ich viel grausamere Gedanken. Manchmal wünschte ich, sie wäre tot. Dann wäre ich endlich frei.

Selbstverständlich gibt es Menschen, die mich lieben – mein Mann, meine Schwiegermutter, meine Freunde –, aber ich glaube, es gibt so was wie einen Mutter-Chip in unserem Hirn, deswegen ist es völlig egal, wie viele Menschen uns erzählen, dass sie uns lieben – wenn deine Mutter dich nicht liebt, fühlst du dich einfach nicht liebenswert.

Aber ich kann mich nicht einfach von ihr abwenden. Das wäre wie aufgeben. Damit würde ich akzeptieren, dass ich keine richtige Mutter habe. Ein Teil von mir will das einfach nicht wahrhaben. Vermutlich erlebe ich diese Zurückweisung umso stärker, weil ich adoptiert bin. Das Verhältnis zu meiner Mutter ist gestört, aber ich komme immer wieder darauf zurück. Weil ich ihre Bestätigung suche.

Gedanken zur Tochter des Narzissmus

Natasha

Ich habe keine Ahnung, was aus mir geworden wäre, wenn meine Mutter mich nicht von Anfang an so geliebt hätte. Ich war ein anstrengendes Kind, anders als meine Geschwister. Trotzdem nahm meine Mutter mich an, wie ich war. Sie akzeptierte meine Lebensentscheidungen, meinen Berufswunsch, meine Partner und meine Lebensweise. Ich bin sicher, dass sie überwiegend mit mir zufrieden ist, und wenn nicht, dann lässt sie es mich wissen. Ehrlich gesagt diskutiere ich die großen Entscheidungen in meinem Leben ohnehin mit ihr, denn ihre Einschätzung ist mir wichtig. Sie versucht nicht, mich zu beeinflussen, aber sagt klar ihre Meinung.

Wir können uns von unseren Müttern angenommen und geliebt fühlen, aber der Teufel steckt im Detail. Kleine Dinge haben oft eine große Wirkung. Sie bleiben hängen, wir schleppen sie mit uns herum. Warum hat sie das gesagt? Was hat sie damit gemeint?

Wenn meine Mutter auf die Frage: »Wie sehe ich aus?« mit: »Gut, prima« antwortet, dann weiß ich, dass sie etwas stört. Das auszudrücken, ist ihr gutes Recht. Ich habe sie um Rat gebeten, und der soll ehrlich sein, auch wenn er mir nicht immer gefällt. Ich muss ihn ja nicht annehmen. Natürlich bin ich aber viel glücklicher, wenn sie mit mir zufrieden ist.

Vor Kurzem sprach Whoopi Goldberg in einem Interview über den Tod ihrer Mutter. Nach diesem Verlust sei ihr klar geworden, sagte die Schauspielerin, dass kein Mensch sie je wieder umarmen würde, der sie so sehr liebe wie ihre Mutter. Die Umarmung einer Mutter ist die beste. Bedingungslose Liebe steht außer Konkurrenz. Diese Liebe vergibt. Sie ist rein, ohne Einschränkungen und frei von Bedingungen oder Auflagen. Ist das nicht die Definition von Mutterliebe?

Wenn das Leben nur so einfach wäre. Wenn nur alle Mütter zu dieser bedingungslosen Liebe fähig wären. Bei unseren Club-der-Töchter-Treffen musste ich erkennen, dass manche Mütter für ihre Aufgabe einfach nicht geschaffen waren.

In vielen Zuschriften berichteten uns Frauen von ihren narzisstischen Müttern, die sie grausam behandelt hatten und auf eine Weise mit ihnen umgegangen waren, die sich drastisch unterschied vom gesellschaftlichen Idealbild der grenzenlos liebenden, fürsorglichen und schützenden Mutter. Beispiele für narzisstische Mütter finden sich auch in bekannten Märchen, von *Schneewittchen* bis *Hänsel und Gretel*. Dort handelt es sich aber meist um Stiefmütter, was nahelegt, dass Grausamkeit bei leiblichen Müttern auch damals schon ein Tabuthema war.

Bei unserem ersten Treffen erzählte Lily, dass sie darüber gelesen habe, wie sich der Einfluss narzisstischer Mütter auf ihre Töchter bemerkbar mache: Diese Mütter vermitteln die Botschaft, dass Liebe nicht bedingungslos sei und die Tochter nur dann liebenswert, wenn sie sich den mütterlichen Erwartungen und Vorlieben entsprechend verhalte. Als Erwachsene hätten diese Töchter Schwierigkeiten, ihre Gefühle der Unzulänglichkeit, Enttäuschung, Gefühlsleere und Traurigkeit zu überwinden.

Die Psychologin Trish Murphy, eine Kollegin von Róisín bei der *Irish Times,* schrieb einmal in ihrer Kolumne:

Die Beziehung zwischen Müttern und Töchtern ist von fundamentaler Bedeutung, und es ist tragisch, wenn eine Mutter ihr Kind nicht wichtiger nimmt als alles andere in ihrem Leben. Für viele ist die Liebe der Mutter die einzige Erfahrung von bedingungsloser Aufmerksamkeit und bietet ihnen eine Art Auffangnetz, das ihnen im Leben Sicherheit gibt und in das sie sich im Notfall hineinfallen lassen können. Menschen, denen diese wichtige Stütze fehlt, leiden nicht selten ihr ganzes Leben darunter. Erst wenn sie sich den wahren Charakter dieser Beziehung bewusst machen und sie in allen Teilen akzeptieren, kann bei diesen Menschen eine Heilung einsetzen.
Bei unserer Geburt haben wir noch keine Abwehrmechanis-

men, deswegen lieben wir unsere primäre Bezugsperson, egal, wer sie ist.

Manche Menschen brauchen Jahre, um zu erkennen, dass diese Person ihrer Liebe nicht würdig ist, ja ihnen vielleicht sogar schadet. Oft verbringen sie ihre Jugend damit, um die Anerkennung dieser Bezugsperson zu buhlen, indem sie so werden, wie diese sie haben möchte. Die daraus resultierende Unsicherheit ist wie eine permanente Habachtstellung, die jeglicher Ungezwungenheit, natürlichen Entwicklung und dem unverstellten Ausdruck der eigenen Persönlichkeit zuwiderläuft.

Bedauerlicherweise trauen sich solche Menschen oft nicht, über diese schlechte Beziehung zu sprechen, weil sie sich schämen oder fürchten, die Schuld liege bei ihnen, weil sie nicht liebenswert wären. Das führt zu sozialer Isolation und Einsamkeit.

Menschen, deren erste Erfahrungen nicht liebevoll waren, können in Beziehungen nur schwer Vertrauen aufbauen. Sie halten den Partner aus Angst und Selbstschutz auf Distanz und wiederholen womöglich Muster, die sie bei ihren Eltern verabscheut haben.

Das ist tragisch, aber nicht zwingend vorgegeben: Durch einen reflektierten Umgang mit dieser Situation kann man das generationenübergreifende Muster durchbrechen. Doch dazu braucht es unter Umständen viel Mut und Unterstützung.

Begreifen Sie Ihre Mutter als das, was sie ist: Eine sehr traurige Person, die nicht länger die Macht besitzt, Sie zu verletzen, weil Sie es nicht mehr zulassen. Sie hat sich das Beste in ihrem Leben versagt: die unerschütterliche, lebenslange Liebe ihres Kindes.

Es ist nicht Ihre Aufgabe, das wiedergutzumachen, und Sie sollten sich Ihre Kraft für Ihre Belange aufsparen. Ihre

Herausforderung besteht darin, sich als wertvoll und liebenswert zu erleben und sich mit vollem Vertrauen auf einen anderen Menschen einzulassen. Lassen Sie Ihre Gefühle frei und vertrauen Sie darauf, dass Ihre Klugheit Ihnen die Menschen zeigt, die Ihres Vertrauens würdig sind.

Lily und andere Töchter des Narzissmus sollten genau das tun.

Die trauernde Tochter

Beim ersten Treffen des Clubs der Töchter sitze ich etwas nervös am Tisch und erzähle den anderen von meinem Auto, denn dort verbringe ich die meiste Zeit mit meiner Mutter, um die ich trauere, obwohl sie nocht lebt. Wir unternehmen lange Spritztouren, ich, ihre einzige Tochter, am Steuer, meine Mutter auf dem Beifahrersitz. Sie lobt meine Fahrkünste.

»Du fährst wie ein Profi. Bestimmt kennst du jede einzelne Straße in Kildare«, sagt sie, worauf ich lächelnd erwidere: »Stimmt, danke dir.« Ein paar Minuten später wiederholt meine Mutter ihr Kompliment. »Du fährst wie ein Profi. Bestimmt kennst du jede einzelne Straße in Kildare.« Darauf bedanke ich mich erneut lächelnd bei ihr. Diese Unterhaltung führen wir vermutlich noch weitere zehn bis fünfzig Mal auf unserer Spritztour.

Danach bringe ich sie zurück, helfe ihr ins Haus, steige ins Auto und fahre wieder nach Dublin. Vor meinem Haus bleibe ich im Wagen sitzen und weine. Ich heule wie ein Schlosshund, dicke Tränen der Verzweiflung laufen mir über die Wangen. Autos eignen sich perfekt fürs Trauern. Sie sind kleine Kummerkammern mit Fenstern zum Rein- und Rausschauen, die trotz aller Öffentlichkeit eine kleine, abgeschlossene Welt darstellen. Ich weine oft im Auto.

Eine Freundin erzählte mir vom Aufruf in der *Irish Times*. Als ich die folgenden Zeilen schrieb, ging es mir gerade richtig schlecht:

Liebe Róisín,
ich trauere um meine Mutter, obwohl sie noch gar nicht tot

ist. Meine Mutter und ich hatten kein schwieriges Verhält-
nis, deswegen gibt es auch nichts zu verbessern. Stattdessen
führten wir eine wunderbare Mutter-Tochter-Beziehung,
die jedoch unwiederbringlich verloren ist. Ich versuche,
den Verlust zu verarbeiten und für meinen Vater da zu sein.
Mir ist nicht ganz klar, wie meine Geschichte in Ihr Projekt
passt, aber ich würde gern mitmachen.
Grace

Als Jugendliche konnte ich mit meiner Mutter über alles reden. Das aufmerksame Zuhören hatte meine Mutter von ihrer Mutter gelernt. Meine Oma war die Kummertante für alle Mädchen im Dorf, die sich von ihren Müttern unverstanden fühlten. Das war zu einer Zeit, als junge Frauen noch »in Schwierigkeiten« gerieten und plötzlich verschwinden konnten, sei es auf eine Reise nach England oder Schlimmeres. Als ich heranwuchs, lautete die Botschaft meiner Mutter, die sie vermutlich von ihrer Mutter gehört hatte: »Du kannst mir alles erzählen.« Das tat ich auch. Manchmal erzählte ich ihr mehr, als sie wissen wollte. Und mir war sonnenklar, wie glücklich ich mich deswegen schätzen konnte. Viele meiner Freundinnen verheimlichten vieles vor ihren Müttern und führten eine Art Doppelleben. Meine Mutter wollte mich so aufziehen, wie sie es von ihrer Mutter gelernt hatte. Sie setzte alles daran, eine enge persönliche, vertrauensvolle Bindung zu mir aufzubauen. Ich weiß genau, wie kostbar das ist.

Selbstverständlich vertraute ich ihr als Teenager nicht alles an, es gab Dinge, die sie herausfand und über die sie sich ärgerte. Später jedoch war meine Mutter immer die Erste, mit der ich mich austauschte, egal, welches Problem mich gerade umtrieb, weil ich wusste, dass sie mir zuhören und mich nicht dafür tadeln würde.

Ich bin Anfang zwanzig und habe mich (mal) wieder von meinem Freund getrennt. Dieses Mal ist es allerdings endgültig. Ich bin untröstlich. Endzeitstimmung.

Ich setze mich in den Bus und trete die lange Fahrt nach Hause an, zurück zu meinem Elternhaus, wo mir dank meiner Mutter mein altes Kinderzimmer noch immer zur Verfügung steht. Egal, wie schlecht es mir geht – und in diesem Augenblick geht es mir grottenschlecht –, ich weiß genau, dass es mir in Gesellschaft meiner Mutter gleich wieder besser gehen wird. Mit meiner pragmatisch-rationalen Ruppigkeit komme ich mehr nach meinem Vater. Meine Mutter hingegen ist weich, romantisch und warmherzig. Mit meinem gebrochenen Herzen zieht es mich in die Nestwärme meines Elternhauses wie eine Motte zum Licht.

Bei meiner Ankunft kocht meine Mutter mir erst mal Tee. Wir sitzen am Küchentisch, und ich krame meine Packung Silk Cut hervor, obwohl ich meiner Mutter immer verheimlicht habe, dass ich rauche. Heute ist mir das egal, soll sie es doch herausfinden. Aber sie sieht nur kommentarlos zu, wie ich mir eine Untertasse aus dem Schrank hole, um sie als Aschenbecher zu verwenden.

Ich zünde mir die erste von unzähligen noch folgenden Zigaretten an und erzähle ihr die schrecklichen Einzelheiten. Einige Details sind nicht ganz ohne, aber ich weiß, in diesem Raum mit den glänzenden schwarz-weißen Fliesen und den frisch geschnittenen Pfingstrosen auf der Fensterbank kann mir nichts passieren. Ich schütte ihr mein Herz aus, und meine Mutter bemüht sich dabei um eine neutrale Miene, als wäre das alles nichts Neues für sie.

Sie unterbricht mich nicht, sondern hört zu, bis ich fertig bin. Sie reagiert mit den richtigen Gesten und Äußerungen, drückt mir mitfühlend die Hand, und dann sagt sie: »Komm, rauch noch eine, Schatz.« Vielleicht klingt es seltsam, aber in diesem Moment liebe ich meine Mutter unendlich. »Komm, rauch noch eine, Schatz«, sagt sie, und vor lauter Dankbarkeit, dass meine Mutter mich zum Rauchen animiert, vergesse ich für einen Augenblick meinen Kummer. Denn sie versteht, dass mir Zigaretten bei meinem Liebeskummer Trost spenden, obwohl sie es für sich ablehnt. Das ist bedingungslose Liebe.

Mich in meinem Elternhaus zu erholen, ist ein Genuss. Hier werde ich umsorgt, aufgepäppelt und aufgeheitert. Meine Mutter geht mit mir shoppen, kocht mir meine Leibgerichte, kurzum: Sie verabreicht mir eine üppige Dosis Mutterliebe. Und das hat sie schon immer so gemacht. Mit viel Einfühlungsvermögen und völlig wertfrei. Wenn ich Fehler mache, sagt sie nie Sachen wie: »Was soll nur aus dir werden?«, wie die Mütter meiner Freundinnen. Sie hat mir nie etwas vorgeschrieben, sondern mich angenommen wie ich war, mit meinen Fehlern und Schwächen. Meine Eltern sind liebevolle, hilfsbereite Menschen, und meine Mutter ist ein Naturtalent in Liebesdingen. Ich bin ein echter Glückspilz!

Vor ungefähr sechs Jahren merkte ich, dass mit ihr etwas nicht stimmte. Mein Unbehagen konnte ich schwer in Worte fassen. Manchmal ergab das, was sie sagte, keinen Sinn, oder sie erzählte völlig aus dem Zusammenhang gerissene Geschichten. Typische Eigenschaften wie ihre liebevolle, umsichtige Art äußerten sich auf eine derart übertriebene Weise, dass sie mich nervten.

Wenn ich bei ihr vorbeischaute, reichte es nicht, dass ich mich auf den Küchenstuhl setzte, nein, sie nötigte mich dazu, mich aufs Sofa zu legen. Nur wenn sie es mir auf diese extreme Weise gemütlich machen konnte, war sie zufrieden.

Oder sie machte mir gegen meinen Willen Sandwiches und Tee. Ernsthaft Sorgen machten sich mein Bruder und ich allerdings erst, als meine Mutter uns stets dieselben Kindheitsanekdoten erzählte.

Als ich mich einer Arbeitskollegin anvertraute, erwiderte sie: »Gibt es noch Dinge, die du unbedingt mit deiner Mutter machen möchtest? Dann mache sie jetzt.« Also unternahm ich mit ihr eine Reise nach New York. Wir übernachteten in einem großen Hotel, gingen im Central Park eislaufen, aßen Hot Dogs, besichtigten Galerien und Museen. Wir redeten viel. Ich schlug ihr vor, sich ein Hobby zuzulegen, mehr zu unternehmen, damit sie im Alter nicht wunderlich würde. Wir verbrachten einen tollen Urlaub miteinander. Meine Kollegin hatte recht: Von unserer Beziehung ist nicht mehr viel übrig, aber New York kann uns keiner nehmen.

Nur unter größten Schwierigkeiten brachten wir meine Mutter schließlich zum Arzt. Ehrlich gesagt mussten wir sie überlisten, sonst wäre sie nicht mitgekommen. Nach mehreren Tests stand die Diagnose fest: Meine Mutter hat Alzheimer. Das stürzte mich in eine schwere Lebenskrise. Diese Krankheit war das Schlimmste, was ich mir für meine Mutter vorstellen konnte. Ich war die meiste Zeit über wie betäubt, hatte meine Gefühle einfach auf Eis gelegt.

Ich erzähle meiner Mutter nicht mehr viel. Wenn ich es doch mal versuche, sind ihre Reaktionen unnatürlich und wirken wie einstudiert, als stammten sie aus einer Jahre zurückliegenden Zeit, als sie noch wusste, wie man sich unterhält. Einerseits möchte ich meiner Mutter eine gute Tochter sein und meinen Vater, ihren treu sorgenden Ehemann, nach besten Kräften unterstützen, andererseits empfinde ich es als ungerecht, dass das alles ausgerechnet während der glücklichsten Phase meines Lebens passiert. Ich werde heiraten. Meine Mutter hätte sich so darüber gefreut. Ironischerweise habe ich mich früher nie um Brautkleider und das ganze Tamtam geschert. Aber meine Mutter hat immer gern mit mir über dieses Thema geredet. Es hätte ihr große Freude bereitet, bei der Hochzeitsplanung zu helfen, bei der Anprobe dabei zu sein und den Blumenschmuck auszusuchen. Meine Hochzeit war ihr großer Traum.

Ich habe ein schlechtes Gewissen. Jede Woche versuche ich, sie zu besuchen, aber es gibt Zeiten, da bringe ich es einfach nicht über mich. Dann plagen mich große Schuldgefühle. Ich möchte eine gute Tochter sein, aber das ist nicht leicht. Ich weiß, dass es meiner Mutter zunehmend schlechter geht, deswegen sollte ich mir bei meinen Besuchen alle Mühe geben. Wenn sie mal nicht mehr da ist, werde ich mir deswegen Vorwürfe machen.

Immer wieder überfällt mich große Traurigkeit. Manchmal, wenn ich im Café zwei Frauen, die offensichtlich Mutter und Tochter sind, miteinander lachen und plaudern sehe, erwischt es mich eiskalt. Mir wird schlagartig klar, dass ich so was nie wieder mit meiner Mutter machen werde. Nie wieder werde ich diese innige Verbundenheit und tiefe Freundschaft mit ihr erleben.

Wenn ich mit ihr zusammen bin, verdränge ich mein schlechtes Gewissen. Stattdessen versuche ich sie abzulenken, damit sie nicht immer wieder dieselben zusammenhanglosen Anekdoten und Unterhaltungen von sich gibt. Einmal, wir waren gemeinsam in der Stadt, und ich war so frustriert, dass ich am liebsten abgehauen wäre, schleppte ich meine Mutter in ein Fachgeschäft für Mal- und Bastelbedarf. Nachdem ich dort ein Vermögen für Papier und Zeichenkohle ausgegeben hatte, ging ich mit ihr an den See in St. Stephen's Green, um Enten zu malen. Genau das hatten wir gebraucht: Seite an Seite zeichneten wir die Enten im Park, amüsierten uns köstlich und hatten einfach Spaß miteinander. Wahrscheinlich führten wir uns auf wie zwei Verrückte, aber dieser Tag im Park gehört zu meinen kostbarsten Erinnerungen der letzten Zeit. Wer weiß, wie viele Augenblicke dieser Art es für uns noch geben wird?

Und am Ende sitze ich wieder im Auto. Hier kann man wunderbar weinen, dem Kummer über den Verlust und seinen permanenten Schuldgefühlen freien Lauf lassen. Ich müsste besser, lieber, geduldiger sein. Es geht immer noch mehr. Ich möchte das Geschehene annehmen und mit mir zufrieden sein, weil ich mein Bestes gebe. Das Schicksal hat meiner Mutter die Karten gemischt. Das möchte ich akzeptieren lernen.

Ich trauere um meine Mutter, obwohl sie noch nicht tot ist. Wenn ich sie ansehe, erfüllt mich dieselbe Liebe, die ich schon als Kind, als aufmüpfiger Teenager und als junge Frau mit Liebeskummer empfand. Meine Mutter hat sich verändert, so sehr, dass ich sie nicht wiedererkenne. Aber meine Liebe für sie bleibt dieselbe.

Gedanken zur trauernden Tochter

Natasha

Auf der Bank vor dem Krankenhaus traf mich die erschreckende Erkenntnis, dass meine Mutter sterben wird.

Die Diagnose bot wenig Anlass zur Hoffnung, und die Zeit arbeitete gegen sie.

Vor der Diagnose hatte ich mir über die Sterblichkeit meiner Mutter kaum Gedanken gemacht. Sicher, ich wusste, dass sie eines Tages von uns gehen würde, aber ihr Tod schien sehr weit weg. Sie erfreute sich bester Gesundheit, sowohl körperlich als auch geistig.

Kaum hatte ich den ersten lähmenden Schock überwunden, musste ich mich auch schon um die praktischen Dinge des Alltags mit einer kranken Mutter kümmern. Sie ins Krankenhaus bringen und abholen, mit dem ständigen Auf und Ab ihrer Verfassung klarkommen, ihr Leben und das der Familie an ihre veränderten Bedürfnisse anpassen. Wie viel schaffte sie noch allein? Wann hatten meine Schwester und ich Zeit für ihre Betreuung?

Meine Mutter ist die Heldin dieser Geschichte. Wir haben ihr den Titel »Mary, die Wunderbare« verliehen. Weder die anfangs düstere Prognose noch die vielen Rückschläge konnten sie in ihrem Lebenswillen erschüttern.

Im Vergleich zu meiner Mutter hadere ich sehr mit ihrer Krankheit. Die Angst, sie zu verlieren, hat mich nie mehr verlassen. Meist versuche ich, sie zu unterdrücken, dann äußert sie sich durch ein latentes Unwohlsein. Nur ganz selten lasse ich sie zu. Dann zwinge ich mich regelrecht, mir vorzustellen, wie mein Leben ohne meine Mutter sein wird. Wie eine Art Stresstest. Ich lasse den Gedanken zu und warte ab, was passiert.

Früher kamen mir innerhalb von Sekunden die Tränen, aber mittlerweile entsteht vor meinem geistigen Auge ein weiter, leerer Raum, der mich mit Schrecken erfüllt. Ich bereite mich auf die Zukunft vor. Mit diesem Test messe ich meine Fortschritte. Gleichzeitig bin ich froh und dankbar, dass ich trotz ihrer Erkrankung noch so viel kostbare Zeit mit meiner Mutter verbringen kann.

Von meinen Freundinnen weiß ich, dass ich nicht die Einzige bin, die sich regelmäßig einem solchen Stresstest unterzieht.

Frauen mit demenzkranken Müttern erleben die Trauer-arbeit schon vor dem Tod. Sie brauchen einen solchen Test gar nicht herbeizuführen, denn sie müssen ihn tagtäglich bestehen. Die Mutter, die sie kannten, verschwindet einfach oder ist bereits weg. Sie wird ihnen auf grausamste Art ge-nommen: Eigentlich ist die Mutter noch da, aber in Wahr-heit sie ist schon gegangen.

Wie bei Grace, die um ihre Mutter trauert, obwohl sie noch lebt.

Die abhängige Tochter

Meine Mutter rangiert bei mir auf Platz vier der Menschen in meinem Leben, mit denen ich gern zusammen bin. Die ersten drei Plätze belegen meine Töchter und ihr Vater. In Gesellschaft meiner Mutter ist die Welt gleich viel rosiger. Es ist mir wichtig, sie in unsere Familienaktivitäten einzubeziehen, aber nicht, weil ich eine brave Tochter bin, sondern weil ich sie gern um mich habe. Meine Mutter macht alle Feiern ein bisschen schöner. So ähnlich wie Chips oder Käsehäppchen.

Als Journalistin werde ich oft zu interessanten Veranstaltungen eingeladen. Wenn es möglich ist, nehme ich meine Mutter mit, vor allem, wenn ich auf die Bühne muss. Allein der Gedanke, sie im Publikum zu wissen, gibt mir Selbstsicherheit.

Außerdem habe ich meine Mutter ständig im Schlepptau, weil ich weiß, dass sie mich liebt. Es ist einfach ein erhebendes Gefühl, so viel Liebe zu erfahren, die bedingungslose Liebe einer Mutter.

Dazu kommt, dass meine Mutter mich so genau kennt wie niemand sonst. Sie liebt mich nicht nur, sie versteht und akzeptiert mich auch. Diese drei Zutaten ergeben einen starken Cocktail, nach dem ich vielleicht sogar süchtig geworden bin. Möglicherweise ist diese Sucht gar nicht ungesund. Aber immer, wenn ich unsere Beziehung genauer unter die Lupe nehme, wird mir klar, dass ich an dieser Abhängigkeit etwas ändern sollte.

Bei unserem ersten Treffen erzählte ich auch den anderen Frauen davon. Außerdem gestand ich ihnen, bei gemeinsamen Unternehmungen mit meiner Mutter fast ausschließlich über mich zu sprechen. Nicht, dass ich ihr keine Fragen stellen würde. Aber es ist eine solche Wonne, meine Mutter ganz für mich allein zu haben, dass ich ihr jedes Ereignis in meinem Leben in allen Einzelheiten erzählen möchte. Es gibt Treffen, da kommt sie überhaupt nicht zu Wort.

Auch mein manchmal etwas unzureichendes Verhalten bei Familientreffen beichtete ich den anderen. Es ist in letzter Zeit gelegentlich vorgekommen, dass ich mich mit einem oder mehreren meiner sieben Geschwister angelegt und der ganzen Familie damit das Zusammensein verdorben habe. Vor Kurzem lieferte ich mir wegen eines geringfügigen Anlasses mit meiner jüngeren Schwester einen handfesten Streit, wir bewarfen uns sogar mit Geschirr, und zu guter Letzt stapfte ich wie ein eingeschnappter Teenager davon. Ich weiß, dass viele im Kreise ihrer Lieben leicht mal in die Rolle des aufmüpfigen Kindes zurückfallen, aber ich neige in dieser Sache wirklich zur Übertreibung. Meine Mutter war verärgert, der Tag ruiniert. Den anderen blieb nur die Schadensbegrenzung.

Zu meiner Vorliebe, friedliche Familienfeiern zu torpedieren, gesellt sich eingangs erwähnte Abhängigkeit, die ich in all ihren Formen gern genauer beschreiben möchte: Ich bin finanziell abhängig von meiner Mutter. Verliere ich meine EC-Karte, was häufig passiert, oder muss am Monatsende zu viele Rechnungen auf einmal begleichen, springt meine Mutter für mich ein. Selbstverständlich zahle ich ihr das Geld irgendwann zurück, aber mir ist klar, dass ich mich nicht so auf sie verlassen sollte. Vor einigen Jahren geriet ich in ernste finanzielle Schwierigkeiten, aus denen sie mich glücklicherweise gerettet hat. Sicher, sie hat es gern getan, aber ich weiß auch, dass sie sich mit dem geliehenen Geld jetzt was Schönes kaufen, ihren – Moment – siebzehn Enkeln Geschenke machen oder meinen Geschwistern unter die Arme greifen könnte. Ich verlasse mich in finanziellen Angelegenheiten viel zu sehr auf sie. Das muss aufhören.

Außerdem bin ich emotional von meiner Mutter abhängig. Letztens ging es mir beispielsweise nach einem langen Arbeitstag nicht so besonders. Ein wohlmeinender Freund schlug mir am Telefon vor, es doch mal mit etwas mehr Bewegung zu versuchen. Er hatte ja nicht unrecht. Ich sollte tatsächlich mehr Sport treiben. Aber momentan fehlt mir einfach die Zeit dazu. Nach dem Telefonat fühlte ich mich dann richtig elend.

Ich erzählte es meinem Mann Jonny, der lieb und nett reagierte, wie er es immer tut, aber ich wusste genau, mit wem ich am liebsten darüber geredet hätte, weil nur sie genau versteht, warum ich mich so mies fühlte: mit meiner Mutter. Statt also selbst mit meiner Kränkung, dem Gefühlswirrwarr und meinem Frust klarzukommen, rief ich meine Mutter an und kotzte mich bei ihr aus.

Ich klagte und lamentierte, heulte und jammerte. Ganze zwanzig Minuten plapperte ich drauflos, ohne Punkt und Komma. Und meine Mutter sagte immer nur: »Ich weiß, ich weiß.« Das stimmte auch. Ansonsten wären mir ihre Bekundungen nämlich ziemlich auf den Geist gegangen. Ihr aufrichtiges Verständnis war Balsam für meine Seele. Irgendwann beruhigte ich mich wieder. Meine Mutter hatte mich mit ihrer Liebe wieder ins Gleichgewicht gebracht. Aber ist sie tatsächlich der einzige Mensch, der für mich sorgen kann? Nein. Ich weiß genau, dass meine Aufgabe als Tochter darin besteht, mich auf die andere Person in meinem Leben zu verlassen: auf mich.

Ich bin ungefähr sechs Jahre alt, und meine Mutter ist der Nabel meiner Welt. Mein Vater ist mir ein wenig fremd, er ist derjenige, der meist im Wohnzimmer auf dem Sessel sitzt und die Rennpferde im Fernsehen anfeuert oder mit mir an der Hand die Straße überquert, um in *Ryan's Pub* zu gehen, wo mir der Hopfenduft in der Nase kitzelt. Einmal stand ein bärtiger Mann mit einer Tüte Süßigkeiten vor der Tür, der mich an Käpt'n Iglo erinnerte. Das war mein Vater, aber ich erkannte ihn nicht.

Auch wenn ich heute, als Erwachsene, an ihn zurückdenke, verbinde ich keinen typischen Geruch, keine bestimmte Berührung mit ihm. Aber den verschwörerischen Glanz in seinen blauen Augen, wenn er mir zuzwinkerte, habe ich nicht vergessen, und ich weiß noch, wie er uns mit seiner tiefen, warmen Bassstimme ein Wiegenlied vorgesungen hat.

Daddy ist krank, er hat Schizophrenie, aber ich bin erst sechs, deswegen verstehe ich nicht, was das genau bedeutet. Nur, dass er nicht so ist wie die Daddys meiner Freundinnen. Er ist da und auch nicht. Wie ein Geist. Mit acht Kindern hat meine Mutter alle Hände voll zu tun. Wir haben kein Geld, weil Daddy, der mal Taxifahrer war, nicht mehr arbeiten kann. Aber in der Schublade liegen Bezugsscheine für Butter, die Arme im Dublin der Siebzigerjahre bekommen, und Mrs Roddy vom Lebensmittelladen an der Ecke gibt uns auch Brot und Milch dafür. Die Nonnen am Ende der Straße heißen *Sisters of Charity*. Die bringen uns schwarze Säcke mit Kleidung. Es macht uns großen Spaß, darin herumzuwühlen. An Weihnachten sind da lauter Spielsachen drin. Die Schwestern versorgen bestimmt auch den Weihnachtsmann mit Geschenken.

Schwester Agnes hilft uns ganz besonders. Sie sitzt in der Küche und plaudert ewig mit meiner Mutter, während wir an ihnen vorbei in den Garten laufen, wo wir Schlammkuchen backen oder komplizierte Hindernisläufe veranstalten. Bevor sie wieder ins Kloster oder zur nächsten armen

Familie geht, gibt sie meiner Mutter einen Umschlag mit einem sauber gefalteten Geldschein, manchmal sind sogar zwei drin. Ich weiß von den Bezugsscheinen, den schwarzen Säcken und den Spenden – aber ich fühle mich nicht arm. Stattdessen bin ich rundum glücklich, sitze an meine Mama gekuschelt auf dem Sofa neben dem Kamin, den mein Vater gebaut hat, es riecht nach Rauch, im Fernsehen läuft *Blake's 7* und *Das Leben ist wunderbar*. Diese wohlige Erinnerung an meine Kindheit hat mir meine Mutter geschenkt.

Eines Nachts, ich bin mittlerweile acht, macht mein Vater seine Ankündigung wahr und bringt sich um. Er nimmt ein blaues Seil, geht in den Garten hinterm Haus, macht eine Schlinge, legt sie sich um den Hals und erhängt sich. Meine Mutter findet ihn erst am nächsten Morgen. Wir haben kein Telefon, deshalb läuft sie zu Mrs Smith und schlägt so lange gegen die Tür, bis sie ihr öffnet.

Die Smiths haben ein Telefon. Es befindet sich in einer eigens dafür gebauten Zelle neben der Haustür. Damals war ein solcher Apparat noch so selten und kostbar, dass man ihm ein eigenes Häuschen zuerkannte. Meine Mutter nimmt den schweren Hörer in die Hand und wählt den Notruf. Der Krankenwagen kommt schnell, aber es ist bereits zu spät. Als wir an diesem Morgen aufwachen, verbietet uns unsere große Schwester, aus dem Fenster zu schauen, und wir gehorchen ihr. Ich bin ihr dankbar. Hoffentlich hat es auch sonst keines meiner Geschwister gesehen.

Das dicke blaue Seil liegt auf dem Tisch neben der Hintertür. Immer mehr Leute drängen sich ins Haus. Daddy ist tot. Ich habe das Gefühl, über allem zu schweben, bin nicht mehr da. Irgendwann schwebe ich hinaus, weil ich zur Schule will. Da kenne ich mich wenigstens aus. Mein Zuhause verwirrt mich im Moment. In diesem Zustand verbringe ich die nächsten Tage. Ich schwebe in Mrs Roddys Laden, bei der ich auf einmal nicht mehr für meine Süßigkeiten bezahlen muss, später ins Bestattungsinstitut, wo Daddy in einem Sarg liegt und meine Mutter mir erzählt, er habe seine Augen zu wissenschaftlichen Zwecken gespendet, und ich frage mich, ob sie immer noch so verschwörerisch glänzen. Mein Bruder Michael hat mir verraten, wie Daddy gestorben ist. Ein Junge auf einem Fahrrad hat es ihm über die Straße hinweg zugerufen: »Dein Dad hat sich an einem Baum erhängt!« Ich bin wütend auf meinen Bruder, will ihm nicht glauben. Aber meine Mutter sagt mir, dass es stimmt.

Meine jüngeren Geschwister und ich gehen nicht mit auf die Beerdigung. Wir sitzen im Hinterzimmer von *Borza's Chip Shop* drei Häuser weiter. *Borza's* finde ich total klasse. Wir dürfen essen, was wir wollen, weil wir die Kinder mit dem toten Daddy sind. Beim Gedanken an meinen toten Vater habe ich den Geschmack von heißen, dicken Pommes und Hamburgern im Mund. Vor meinem geistigen Auge sehe ich seinen Abschiedsbrief, den er auf meine Lesefibel geschrieben hat. Unsere Namen in seiner krakeligen Handschrift. Ich träume, dass er mich besucht, aber es sind Albträume. Jetzt ist er tatsächlich ein Geist.

Meine Mutter ist meine Heldin. Als mein Vater starb, war ihr jüngstes Kind ein Jahr alt, das älteste sechzehn. Sie stammt aus England und kam in den Sechzigerjahren nach Irland, wo sie meinen Vater kennenlernte und schließlich heiratete. Ich werde ihr immer dankbar sein, dass sie mir die Dinge vermittelte, die auch ihr wichtig waren – Literatur, Kultur und eine generelle Neugier aufs Leben. Sie brachte uns nur mit ihrer Witwenrente und der Sozialhilfe durch und bereitete uns allen das Fundament für ein glückliches Leben. Vor Daddys Tod erwarb sie von einem Hausierer sämtliche Ausgaben der *Encyclopædia Britannica*, wo wir Antworten auf alles fanden, seien es Quizfragen oder Schulaufgaben. Die Rechnung für diesen Luxus konnte sie natürlich nicht begleichen, aber nach Daddys Tod bezahlte die Versicherung alle noch ausstehenden Schulden. Ich betrachte diese Bücher immer noch als sein Geschenk an uns.

Wenn man versucht, die Punkte des eigenen Lebens zu einem Ganzen zu verbinden, kommt man oft nicht weit. Mein Vater brachte sich um. Suchte und fand ich deswegen Trost im Essen? War ich deshalb so ein rebellischer Teenager? Liegt darin die Ursache, dass ich als Erwachsene immer noch von meiner Mutter abhängig bin? Keine Ahnung. Ich weiß nur, dass meine Mutter froh wäre, wenn ich mich endlich zusammenreißen und auf eigenen Beinen stehen würde. Mir ist schon klar, dass Mütter gern gebraucht werden, aber in meinem Fall bin ich überzeugt, dass meine Mutter sich gern weniger stark von mir gebraucht fühlen würde. Ich werde es versuchen.

Über meine Abhängigkeit habe ich mir schon oft Gedanken gemacht und bin zu einem Schluss gelangt, der mich in keinem guten Licht erscheinen lässt. Wenn wir erwachsen werden, nabeln wir uns irgendwann auch von unseren Müttern ab, wodurch sich die Dynamik im Mutter-Tochter-Verhältnis ändert. Die kindliche Tochter wird zur erwachsenen Frau und lebt ihr eigenes Leben, Mutter und Tochter begegnen sich schließlich auf Augenhöhe.

Bei mir ist das noch nicht geschehen. Wenn ich die Augen schließe und an meine Mutter denke, sehe ich sie nicht in erster Linie als Frau mit Bedürfnissen, Hoffnungen und Träumen, sondern als diejenige, die mich hegt, pflegt und beschützt. Dieses Missverhältnis, das den anderen Familienmitgliedern wohl schon lange sauer aufstößt, entdeckte ich erst, als ich mich genauer mit unserer Beziehung auseinandersetzte. Dass der Groll meiner Geschwister nicht ganz ungerechtfertigt ist, habe ich mir erst vor Kurzem eingestanden. Zunächst dachte ich, meine Arbeit hier bestehe darin, meiner Mutter mehr Wertschätzung entgegenzubringen, doch mittlerweile weiß ich, dass ich meine Aufgabe erheblich weiter fassen muss. Ich muss erwachsen werden. Überraschung!

Mag ja sein, dass ich eine abhängige Tochter bin, aber auch eine zuverlässige – von manchen Ausnahmen abgesehen. Krankenhäuser, zum Beispiel, kann ich nicht ertragen. Allein der Geruch! Und dann die unerwarteten Anblicke wie die blutverschmierten Einmalüberzieher eines Chirurgen oder der Stapel Windeln neben dem Bett eines älteren Patienten. Es ist fast so, als verspürte ich eine Abscheu gegenüber dem, was sich dort abspielt, und dieses Gefühl kann ich nur schwer verbergen. Jemanden wie mich wünscht sich niemand als Krankenbesuch. Trotzdem ergab es sich in den letzten Jahren immer wieder, dass ich, die pflegetechnisch minderbegabte Tochter mit der Krankenhausphobie, meine Mutter in die Klink begleiten musste. Ich saß mit ihr beim Arzt, wenn sie zur Kontrolle musste und man sie zum EKG schickte. Ich hockte wie versteinert und voller Abscheu den ganzen Nachmittag im St.-Vincent's-Krankenhaus an ihrem Bett und redete mit Engelszungen auf sie ein. »Das wird schon wieder«, lautete die am meisten verwendete Floskel, an die ich, ehrlich gesagt, nicht eine Sekunde glaubte. Was sich als Irrtum herausstellen sollte, denn sie erholte sich schneller von diesen Aufenthalten als ich.

Kurze Zeit später kam sie mich in Belfast besuchen. Dorthin hatte mich die Arbeit verschlagen, aber ich fand immer wieder Mittel und Wege, meine Mutter in der Nähe zu haben. Abends gingen wir ins Kino, um uns *A Beautiful Mind* anzusehen. Als ich mich im dunklen Saal zu ihr umdrehte, war sie auf einmal verschwunden, stattdessen hörte ich ein leises Stöhnen. Sie lag am Boden und murmelte was von Schmerzen im linken Arm. »Was ist passiert?«, flüsterte ich. »Ich glaube, ich habe mir was gebrochen«, flüsterte sie zurück, denn wir wollten die anderen Gäste nicht stören.

Vorsichtig bugsierte ich sie aus dem Kino in ein Taxi und fuhr mit ihr ins Krankenhaus. Noch aus der Notaufnahme rief ich meine Schwester an. »Rachel«, sagte ich, »ich bin mit Mum im Krankenhaus. Es wäre gut, wenn du kommen könntest.« Dass meine Mutter mir aufgetragen hatte, niemanden damit zu behelligen, war in diesem Augenblick egal. Ich entspannte mich erst, als sie meine Mutter dermaßen mit Morphium vollgepumpt hatten, dass sie nicht mehr merkte, wie ungeschickt ich mich bei der Krankenpflege anstellte. Als wir uns den Film später auf DVD ansahen, weinte sie.

Ein paar Monate danach klingelte morgens gegen neun Uhr das Telefon. Es war meine Mutter. »Róisín«, sagte sie, »ich bin die Treppe runtergefallen und ...« Sie hatte sich auch noch den rechten Arm gebrochen.

Nach vier Monaten war der Bruch immer noch nicht verheilt, es wurde eine Operation empfohlen. Meine Geschwister konnten keinen Urlaub nehmen, ich hatte ebenfalls Termine, aber die Vorstellung, sie würde allein, wirr und verängstigt aus der Narkose erwachen, trieb mich in die Klinik.

Und so saß ich mit aufsteigender Übelkeit und Widerwillen an ihrem Bett, als sie mit Sauerstoffmaske vorm Gesicht und am Tropf hängend aus der Narkose erwachte wie ein Kind aus einem Albtraum.

»Ist mit mir alles in Ordnung?«, fragte sie, und ich versicherte ihr, dass sie sich keine Sorgen machen brauche. Dann bat sie mich um einen Kuss, den ich ihr prompt auf die Stirn drückte und strich ihr übers Haar, wie sie es bei mir getan hatte, als ich noch klein war. Die Schwestern unterhielten sich voller Mitgefühl über ihre Patienten, während sie Bettpfannen säuberten, Schmerzen linderten und Blut abwischten. Vor diesen Menschen ziehe ich auch heute noch den Hut. Ich bin ein solches Weichei.

Aber wenigstens war ich an ihrer Seite. Und obwohl ich ihr nicht glaubte, versicherte mir meine Mutter lächelnd, dass ihr das genüge.

Ich habe ihr über die Jahre so viel Kummer gemacht, aber sie erwartet so gut wie keine Gegenleistung. Das ist wahrscheinlich bei Müttern nichts Unnormales. Obwohl – was ist schon normal? Meine Mutter bestimmt nicht. Bald ist Muttertag, aber meine Mutter macht da nicht mit. Sie braucht weder Karten noch Pralinen oder Blumen. Alles Gute zum Muttertag? Nicht mit ihr.

Aber die abhängige Tochter will ihr trotzdem ein Geschenk machen. Dazu gibt es eine Geschichte: Es war einmal eine Tochter, die ihre Mutter nicht immer liebevoll behandelte. Sie stahl Kleingeld aus der Küchenschublade, Geldscheine aus ihrer Handtasche. Sie erzählte schamlos Lügen darüber, wo sie sich nächtelang herumtrieb. Und weil sie nicht dort war, wo sie hätte sein sollen, blieb der besorgten Mutter nichts anderes übrig, als die ganze Nachbarschaft nach ihrer Tochter zu durchkämmen, bis sie sie schließlich in einer Kneipe fand und unsanft nach Hause beförderte. Von da an hasste die Tochter ihre Mutter. Aber als sie erkannte, wovor oder besser vor wem ihre Mutter sie damit gerettet hatte, war sie ihr doch dankbar.

Eines Tages beschloss die Tochter wegzulaufen. Die Mathe-Hausaufgaben waren ihr einfach zu viel, außerdem gab es da diesen süßen Typen, der mit seinem weiß geschminkten Gesicht und den blutroten Lippen aussah wie Robert Smith von *The Cure*. Der wohnte allerdings nicht in der Nähe, also setzte sie sich mitten in der Woche in einen Zug und dann in einen Bus. Schließlich landete sie irgendwie vor dem richtigen Haus an der mittlerweile nachtdunklen Landstraße.

Am Telefon hatte der Typ das Treffen noch für eine prima Idee gehalten, aber als sie dann tatsächlich vor seiner Tür stand, fand er die Sache nur noch peinlich. Ohne Schminke und Lippenstift sah er auch gar nicht mehr so cool aus. Wenig enthusiastisch bot er dem Mädchen schließlich den Schuppen hinterm Haus als Nachtlager an. Der Schuppen war gar nicht so übel, denn die Eltern waren offenbar wohlhabend. Er hatte sogar Fenster. In freudiger Erwartung eines späteren romantischen Stelldicheins machte die Tochter es sich zunächst auf dem aufgestapelten Kaminholz bequem. Es duftete wie Weihnachten.

Doch schon bald wurde dem Mädchen langweilig, und der Junge bekam kalte Füße. Unter dem Vorwand, ihr was zu essen zu holen, beichtete er die Sache seinen Eltern, die umgehend die Mutter des Mädchens alarmierten. Eine in der Nähe wohnende Freundin der Familie fuhr schließlich zwanzig Kilometer durch strömenden Regen, um die Tochter abzuholen.

Das Zusammenleben mit der Tochter war in vielerlei Hinsicht schwierig. Sie war ständig auf Krawall gebürstet und machte ihren Geschwistern das Leben zur Hölle. Die Mutter versuchte es mit Therapie, aber das brachte nichts.

Die Tochter aber wusste, dass sie diese Mutter, die ihr leckere Speisen kochte, nicht verdient hatte. Trotzdem war sie manchmal so gemein, das Essen der Mutter zu verweigern und sich stattdessen Pommes zu kaufen. Aber das Wissen darum, dass sie ihre Mutter nicht verdient hatte, machte die Tochter nur noch rebellischer. Sie wollte ja lieb sein, aber das war gar nicht so einfach.

Die Tochter sagte ständig: »Tut mir leid.« Tut mir leid, dass ich die Schule geschwänzt und während deiner Abwesenheit fremde Jungs ins Haus gelassen habe, die ein Chaos anrichteten, eine teure Flasche Martini klauten und die Gitarre der älteren Schwester zerbrachen. Tut mir leid, dass mein Nebenjob weg ist, weil ich eine Packung Kaugummis vom Regal genommen und nicht dafür bezahlt habe. Tut mir leid, dass ich den Teller mit Spaghetti Bolognese an die Wand geworfen habe.

Die Mutter sagte ständig: »Ich verzeihe dir.« Ich verzeihe dir trotz der fürchterlichen Sorgen, die ich mir um dich mache. Ich verzeihe dir, dass du weggelaufen bist, dass du egoistisch bist. Ich verzeihe dir dieses und jenes. Ein Teufelskreis.

Aber wenn Mütter und Töchter viel Glück haben, wird er irgendwann durchbrochen. Dann gehört die Mutter für die Tochter zu den Menschen, mit denen sie offen reden und schallend lachen kann. Die kleinen Geschichten ihres Alltags, die andere Leute zum Gähnen langweilig finden, können diese beiden in allen Einzelheiten miteinander teilen – ohne Türenknallen.

So ist es bei meiner Mutter und mir. Weil meine Mutter eben außergewöhnlich ist. Sie ist sehr stark und stets bereit zu geben. Obwohl sie auch meine dunklen Seiten kennt, liebt sie mich.

Die Tochter sagt übrigens immer noch ab und zu »tut mir leid«, und die Mutter verzeiht. Und deshalb gibt es keine Blumen, nur Freundschaft und ein Alles Gute zum Anders-Muttertag – jeden Tag.

Ich bin nicht sicher, ob ich den Übergang von der abhängigen Tochter zu dem schaffe, was ich dann sein werde. Aber dazu habe ich mich hier verpflichtet.

Gedanken zur abhängigen Tochter

Natasha

Ich weiß noch genau, wie Róisín das erste Mal in mein Büro kam, und ich ihr meine Buchidee *Zehn Dinge, die man mit seiner Mutter tun sollte, bevor es zu spät ist* präsentierte. Für den Bruchteil einer Sekunde sah ich ihre Augen aufblitzen. Ob das ein gutes oder schlechtes Zeichen war, konnte ich damals noch nicht einschätzen, aber wie sich herausstellen sollte, fand sie meine Idee nicht nur gut, sondern sie fühlte sich auch persönlich davon angesprochen.

Aus Róisíns Beiträgen in ihrer Kolumne weiß ich, wie sehr sie ihre Mutter liebt. Außerdem war ich stets beeindruckt davon, wie ehrlich sie über ihre Schwächen als Tochter und die Abhängigkeit von ihrer Mutter berichtete. In den ersten Monaten unserer Zusammenarbeit hatte ich allerdings den Eindruck, sie versuche, diese Abhängigkeit vor mir zu verbergen. Das hielt aber nicht lange vor. Eines Abends, als wir gerade bei mir an unserem Buch arbeiteten, gab mein Drucker plötzlich den Geist auf. Róisín griff sofort zum Telefon und bat ihre Mutter, uns die benötigten dreißig Seiten auszudrucken. Bevor ich wusste, wie mir geschah, war Róisín schon auf halbem Weg zu ihrer Mutter, um die Unterlagen abzuholen. Ich weiß noch, dass ich völlig entgeistert ihrem Taxi nachsah und mich fragte, wieso ich sie nicht zurückgehalten hatte. Wie konnte es sein, dass zwei Frauen über vierzig eine fünfundsiebzigjährige Dame damit belästigten, ihnen um halb zehn an einem Freitagabend dreißig Seiten auszudrucken? Selbstverständlich war Róisíns Verhalten für eine abhängige Tochter nicht ungewöhnlich. Sie tat das, was sie von Kindesbeinen an gelernt hatte: sich beim kleinsten Problem auf ihre Mutter zu verlassen.

Als ich Róisín und ihre Mutter dann schließlich zusammen erlebte, erkannte ich, wie gut die beiden zueinanderpassten und wie sehr sie miteinander harmonierten. Kein Wunder, dass Róisín sich so sehr auf ihre Mutter verließ. Als wir uns besser kennenlernten, unterhielten wir uns öfter über ihren Wunsch, sich von der Rolle der abhängigen Tochter zu lösen, und ihre Mutter als eigenständige Persönlichkeit zu betrachten. Diese Gespräche halfen ihr dabei, nicht gleich beim erstbesten Problem ihre Mutter anzurufen.

Schnell wurde deutlich, dass Róisín aktiv am Club der Töchter teilnehmen wollte. Von Anfang an stellte sie alle möglichen Pläne und Listen über Aktivitäten auf, die sie mit ihrer Mutter unternehmen wollte. Ich machte mir ein wenig Sorgen und hoffte, dass sie nach ihrem fulminanten Start nicht rasch an Fahrt verlieren würde. Dass der Club der Töchter sie nicht unbeeindruckt ließ, merkte ich spätestens an dem Tag, als sie mich mit folgenden Worten anrief:

»Weißt du was? Heute habe ich meine Mutter zum Mittagessen eingeladen.«

»Super. Wo wart ihr denn?«

»Ist doch egal. Wichtig ist nur, dass ich dabei kein einziges Mal über mich geredet habe«, erwiderte sie mit offenkundigem Stolz über ihre Leistung.

Róisín war fest entschlossen, eine bessere Tochter zu werden. Egal, wie sie sich dabei schlagen würde, der Club der Töchter würde ihr dabei mit Rat und Tat zur Seite stehen.

Die ergebene Tochter

In meinem Badezimmer steht eine digitale Personenwaage, die mir mein Gewicht ansagt. Manchmal will ich überhaupt nicht hören, was mir die Computerstimme da erzählt. Meine Waage spricht mit mir, weil ich so gut wie blind bin. Meine Freunde sind es gewohnt, dass ich im Restaurant meine große Lupe aus der Tasche ziehe, um die Speisekarte zu lesen. Im Theater sitze ich immer in der ersten Reihe. Auto fahre ich nicht, und die Dokumente auf meinem riesigen Monitor haben meist eine Schriftgröße um die 28.

Als meine Mutter mit meinem älteren Bruder schwanger war, infizierte sie sich mit Toxoplasmose. Bei Schwangeren kann diese Krankheit zur Erblindung und sogar zur Hirnschädigung des ungeborenen Kindes führen. Mein Bruder steckte sich nicht an, aber zwei Jahre später kam ich mit der Krankheit auf die Welt. Meine Mutter spürte sofort, dass was nicht stimmte. Sie brachte mich zurück in die Klinik, wo sie die Diagnose erhielt.

Damals erklärten ihr die Ärzte, dass ich mit Sicherheit blind sein und mit hoher Wahrscheinlichkeit Hirnschäden davontragen würde. Meine Mutter weigerte sich, diese Prognose zu akzeptieren, und wie sich herausstellte, lag sie damit richtig. Mit meinem Gehirn war alles in Ordnung, und sehen konnte ich ebenfalls.

Doch die Ärzte warnten, es würde wahrscheinlich bis zum Erwachsenenalter zu weiteren Beeinträchtigungen kommen. Als Teenager verlor ich vorübergehend mein Augenlicht, aber dreißig Prozent meiner Sehkraft kehrten zurück. Auf diesem Stand bin ich noch heute.

Rückblickend kann man erkennen, dass mein schwieriger Start ins Leben und der unermüdliche Einsatz meiner Mutter zu einer sehr starken Bindung führten. Vermutlich wuchs ich zu einer ergebenen Tochter heran, weil ich die Ergebenheit meiner Mutter schon sehr früh spürte.

Ich war ein richtiges Mama-Kind. In meiner Familie erzählt man sich noch heute, ich hätte gebrüllt wie am Spieß, wenn jemand außer meiner Mutter auch nur Anstalten gemacht habe, mich auf den Arm zu nehmen. In diesen frühen Jahren habe ich meinen Vater nicht mal in meine Nähe gelassen. Ich wollte sie und nur sie.

In den ersten Lebensjahren war ich wie eine Klette. Ich hing meiner Mutter ständig am Rockzipfel. Zwischen uns bestand eine sogar für Mutter-Tochter-Beziehungen ungewöhnlich intensive Bindung. Daran hat sich auch heute nichts geändert.

Als klar war, dass mein Sehvermögen wegen der Toxoplasmose stark eingeschränkt bleiben würde, sorgte meine Mutter mit großer Entschlossenheit dafür, dass meine Krankheit mich so wenig wie möglich einschränkte. Statt mich wie eine Glucke zu behüten, ermutigte sie mich zu allem, was ich anstrebte. Nie vermittelte sie mir das Gefühl, beeinträchtigt zu sein, und ich habe sie noch nie sagen hören, dass ich bestimmte Dinge wegen meiner verminderten Sehkraft nicht tun könne. Trotz meiner Behinderung gab sie mir genauso viel Raum, meine Grenzen zu testen, wie meinen Geschwistern. Niemand hat mich deswegen wie ein rohes Ei behandelt. Ganz im Gegenteil, war ich beim Versteckspielen an der Reihe, suchten sich die anderen besonders anspruchsvolle Schlupfwinkel. Und meine Geschwister freuten sich besonders, wenn ich zu Ostern weniger Eier fand als sie. Unter keinen Umständen sollte ich mich über meine Sehkraft definieren. Meine Mutter sorgte dafür, dass ich mich statt auf die verlorenen siebzig auf die verbleibenden dreißig Prozent konzentrierte.

Schulische Aktivitäten, seien es Hurling, Radfahren, Theaterspielen, Musizieren oder Debattieren, waren kein Problem für mich. Ich nahm lange vor meinen Geschwistern an Austauschprogrammen teil und fuhr ins Ausland. Bücher waren meine Leidenschaft, und Lesen war mir stets lieber, als mit meinen Schwestern draußen auf Bäume zu klettern. In diesem schon früh aufgebauten Fundament liegt der Grund für mein großes Selbstvertrauen.

Tochter zu sein, ist mir eine große Freude, und ich widme mich meiner Rolle mit viel Leidenschaft. Sicher ist es hilfreich, dass ich meine Mutter von Herzen liebe, weswegen ich ihr gern eine Freude mache oder Dinge mit ihr unternehme. Außerdem habe ich keine Kinder und daher mehr Freizeit. Nichtsdestoweniger glaube ich, dass mit unserem Tochterdasein gewisse Verpflichtungen einhergehen, die vor allem dann an Bedeutung gewinnen, wenn unsere Mütter älter werden.

Unsere Rollen haben sich mittlerweile weitgehend verkehrt. Es ist nun an mir, ihr das zurückzugeben, was ich von ihr als Heranwachsende erhalten habe, auf ihre Bedürfnisse einzugehen und ihr zu zeigen, dass sie mir wichtig ist. Ich lasse sie aus vielerlei Hinsicht an meinem Leben teilhaben. Wir unternehmen regelmäßig Ausflüge, ich lade sie zu Veranstaltungen ein. Wir haben feste, im Voraus geplante Verabredungen an Wochenenden, die entweder bei ihr oder bei mir stattfinden, damit wir uns nicht aus den Augen verlieren. Wenn ich in der Stadt auf etwas Nettes stoße, kaufe ich es nicht nur für mich, sondern auch für sie. In meinem Bad halte ich Waschzeug und Kosmetikartikel für sie parat, im Gästezimmer frische Nachtwäsche.

Die Tatsache, dass meine Familie mich bei meiner Aufgabe unterstützt, lässt sie mir sehr viel leichter von der Hand gehen. Wir sind zwar nicht die Waltons, aber meine Mutter ist ein fester Bestandteil unserer Familie.

Meine Schwester und mein Bruder haben einen Anbau an ihr Haus gebaut, wo meine Mutter ein eigenes Zimmer mit Bad hat und uns so länger in Dublin besuchen kann. Ich habe die Vorhänge spendiert, mein anderer Bruder einen Fernseher.

Längere Aufenthalte meiner Mutter sind praktisch für alle, denn dann können wir sie besser in unser Alltagsleben integrieren und müssen die lange Strecke zwischen Galway und Dublin weniger häufig bewältigen. Im Frühling und Sommer besuchen wir sie dann öfter in ihrem Haus am Meer, wo sie am glücklichsten ist.

Trotz ihrer Krankheit macht meine Mutter mir die Rolle der ergebenen Tochter leicht. Sie weiß sehr genau, dass ihre Erkrankung uns mehr Verantwortung aufbürdet und sie im Gegenzug von uns abhängiger wird. Immer wieder sagt sie mir, dass sie keine Belastung für mich sein will, und ihre Wertschätzung unserer Bemühungen für sie hilft uns allen, den Alltag mit ihr harmonisch zu gestalten. Vor allem weiß ich, dass sie sich geliebt und sicher fühlt.

Meine Mutter wuchs in den Dreißiger- und Vierzigerjahren in Limerick als jüngstes von fünf Kindern auf. Meine Großmutter und mein Großvater waren beide Ärzte. Doch mein Großvater starb, als meine Mutter erst zehn Jahre alt war, sodass ihre Mutter die Praxis allein weiterführen musste.

Nach dem Schulabschluss trat meine Mutter zunächst in die Fußstapfen ihrer Eltern, brach die Ausbildung aber nach einem halben Jahr wieder ab. Obwohl sie keinen anderen Berufswunsch hatte, wollte sie nicht das gleiche Leben führen wie ihre Mutter, die eigentlich nie Feierabend von ihrem belastenden und anstrengenden Job hatte.

Meine Mutter war schon immer abenteuerlustig und strotzte vor Lebensfreude. Das ist auch heute noch so. Mit neunzehn packte sie ihre Koffer und ging als freiwillige Helferin nach Jerusalem und Palästina. Damals war es in Irland sehr ungewöhnlich, sich in arabischen Ländern zu engagieren, und als Frau erst recht. Ihre Erfahrungen im Nahen Osten bewegten sie dazu, Arabisch und Hebräisch zu studieren. Nach neun Monaten kehrte sie zurück nach Dublin und begann ihr Studium. Parallel dazu belegte sie außerdem ein Abendstudium in Sozialwissenschaften.

Während dieser Zeit lernte sie meinen Vater kennen, der elf Jahre älter war, bereits mehrere lange Reisen in exotische Länder unternommen und ein Buch darüber veröffentlicht hatte.

Kurz darauf wurde mein Bruder geboren. Damals hatte meine Mutter zwei Jahre ihres Studiums hinter sich und war dreiundzwanzig Jahre alt. Meinem Bruder folgten noch ein Bruder, ich und später noch zwei Schwestern. Meine Eltern zogen mit meinen beiden Brüdern und mir auf eine kleine, nur durch eine Brücke mit dem Festland verbundene Insel, die meinem Vater die Abgeschiedenheit bescherte, die er als Schriftsteller brauchte. Außer uns lebten dort damals nur dreihundert Menschen.

Auf dieser Insel gab es weder Leitungswasser noch Telefon oder Autos. Außerdem wurde dort überwiegend Gälisch und kaum Englisch gesprochen, in der Schule wurden alle Fächer auf Gälisch unterrichtet.

Im Alter von neunundzwanzig Jahren hatte meine Mutter also drei Kinder, lebte fernab von Familie und Freunden und musste sich zunächst mit ihrem Schulgälisch verständigen. Sie arbeitete als Lehrerin in einer nahe gelegenen Schule und engagierte sich wie auch mein Vater in der Kommunalpolitik.

Als ich elf wurde, zogen wir nach Galway, und ein paar Jahre später trennten sich meine Eltern. Den Plan, nach Jerusalem zurückzukehren, hatte meine Mutter während dieser Zeit nie aufgegeben.

Mit sechsundfünfzig Jahren erfüllte sie sich diesen Lebenstraum. Sie nahm ihr Sprachstudium zunächst in Dublin wieder auf und setzte es in Jerusalem fort. Meine Mutter hatte zu ihrer alten Form zurückgefunden.

Mit dieser Entscheidung begann auch ein neues Kapitel in unserer Beziehung. Ich war zu diesem Zeitpunkt über zwanzig und baute mir ein eigenes Leben auf, meine Mutter tat dasselbe mit über fünfzig. Irgendwie begegneten wir uns dadurch endlich auf Augenhöhe und nicht länger nur als Mutter und Tochter: Wir waren zwei Frauen, die versuchten, sich und ihre Lebensziele zu verwirklichen.

Obwohl ich eine treu sorgende Tochter bin, brauche ich wie viele andere ein bisschen Druck. Durch die Treffen mit anderen Töchtern erhielten meine Unternehmungen mit meiner Mutter Struktur und einen Zeitplan. Für mich waren die Zusammenkünfte mit den anderen Frauen wie ein monatlicher Tochter-TÜV, bei dem ich meine Fortschritte auf den Prüfstand stellte. Vor allem aber ermutigten mich die Treffen dazu, mit meiner Mutter die Gespräche zu führen, die ich zwar geplant, aber immer wieder aufgeschoben hatte. Manche mögen so eine Unterhaltung undenkbar finden, aber ich wollte beispielsweise mit ihr über ihre Bestattungswünsche sprechen.

Die monatlichen Zusammenkünfte hatten eine tiefgreifende Wirkung auf mich. Besonders beeindruckte mich die Bereitschaft der anderen Frauen, so gut wie möglich an der

Beziehung zu ihren Müttern zu arbeiten. Sowohl Lilys als auch Sophies Verhältnis zu ihren Müttern war eindeutig zerrüttet, aber trotzdem saßen die beiden bei mir in der Küche und versuchten, einen gangbaren Weg zu finden. Ich hoffte inständig, dass ihnen die gemeinsame Arbeit helfen würde. Sie brauchten den Club der Töchter dringender als alle anderen.

Gedanken zur ergebenen Tochter

Róisín

Als ich Natasha kennenlernte, merkte ich schnell, dass ich in Sachen Mutter-Tochter-Beziehung die langsamere Schülerin war. Nicht lange nach unserem ersten Treffen rief mich Natasha an, um mit ihr über die Krankheit meiner Mutter zu sprechen, bei der kurz zuvor altersbedingte Makuladegeneration diagnostiziert worden war. Als der Arzt ihr damals zur Operation riet, konnte ich damit nur schlecht umgehen. Also tat ich so, als wäre nichts geschehen. Meine Mutter war keine Patientin, sie war nicht schwach und schon gar nicht gebrechlich. Meine Mutter alterte nicht, sie war die rühmliche Ausnahme. Oder vielleicht doch nicht?

Offen gestanden hatte ich kein großes Interesse an einer Mutter, der man im Krankenhaus regelmäßig Augeninjektionen verabreichen musste. Ich wollte sie so behalten, wie sie war. Eine Mutter, die sich Kinofilme im Original mit Untertiteln ansieht, danach im neuen Sushi-Lokal essen geht, Kurse belegt und sich bei Entwicklungsprojekten in Afrika engagiert.

Natasha riss mich aus meinen Gedanken. »Wie geht es ihr?«, fragte sie.

»Gut«, erwiderte ich knapp. »Sie bekommt die Spritzen, und dann wird alles wieder so wie vorher.« Das sollte reichen, um das Thema abzuwürgen.

So meinte ich das mit der langsamen Schülerin. Allerdings ist Natasha auch eine Meisterin ihres Faches. Sie hört zu. Dann reagiert sie geduldig auf den leicht hysterischen Unterton in meiner Stimme und schlägt behutsam vor, ich könne meine Mutter ja auch mal fragen, wie sie sich fühle, wenn sie die Spritzen bekommt. Ich könne ihr meine Hilfe anbieten, mit ihr im Krankenhaus warten oder sie nach der Behandlung abholen. Das tat ich nämlich nicht. Eigentlich wollte ich Natasha gar nicht zuhören, und hoffte, sie durch mein offensichtliches Desinteresse von diesem Thema abzubringen. Wir standen doch gerade erst am Anfang dieser Geschichte, und ich hatte mir noch gar nicht vergegenwärtigt, dass ich eine Strategie brauchte, um das Verhältnis zu meiner Mutter zu verbessern. Möglicherweise hatte ich schon eine im Kopf, aber ich war noch nicht bereit, sie umzusetzen.

Tatsächlich entpuppte sich diese Episode zu meinem persönlichen kleinen Augenblick »auf der Bank«. Ich musste mir eingestehen, dass meine Mutter nicht mehr alles einfach wegsteckte, ja sogar gebrechlich wurde. Aber ich war noch nicht in der Lage, diese Tatsache zu akzeptieren wie Natasha. Sie hatte ihre Pläne an die Krankheit und neue Gebrechlichkeit ihrer Mutter angepasst, behandelte sie aber immer noch als vollwertige Person. Natasha bemerkte, dass meine Gefühle für meine Mutter nicht ganz klar waren – da gab es eine Unsicherheit und einen Widerstand, den ich zu verbergen suchte. In dem Moment wusste ich, dass Natashas Mutter-Offensive mich genau zum richtigen Zeitpunkt erwischt hatte – da musste sich was ändern! Voller Enthusiasmus stürzte ich mich in das neue Projekt, und diesmal ging es nicht nur um mich. Nach einigen Treffen konnte ich meine Schwächen als Tochter bereits genauer benennen. Ich würde der Frau etwas zurückgeben, die mir alles gegeben hatte. Mein Plan lautete: weniger Abhängigkeit, mehr Fürsorge – und diese Erkenntnis verdanke ich Natasha.

Zwei weitere Töchter

Róisín

Am Anfang fragte ich mich, ob unsere Mitglieder wohl mit ihren Freundinnen über unsere Treffen sprechen würden. Das Thema Selbsthilfegruppe ist ja nicht gerade etwas, das man gern in die Welt hinausposaunt. Natasha und ich jedenfalls konnten den Mund nicht halten. Wir wollten möglichst vielen Menschen von unserem Projekt erzählen. So ergab sich in der Empfangshalle eines Hotels ein Gespräch mit einer Wildfremden, die Natasha schließlich für unsere Gruppe gewann. Anna stieß zu uns, nachdem die ersten beiden Treffen bereits stattgefunden hatten. Auch Debbie, unsere letzte Tochter, gesellte sich zu diesem Zeitpunkt noch dazu. Ihre Geschichten erzählen die beiden am besten selbst …

Anna:

Die Tochter wider Willen

Ich bin fünfundfünzig Jahre alt und hätte nie erwartet, dass ich im Herbst meines Lebens mit einer Mutter zu tun hätte, deren Winter offenbar nicht enden will. Vor dieser Verantwortung hat mich niemand gewarnt.

Da ich keine fürsorgliche Person bin, habe ich keine Kinder bekommen. Ich bin kein mütterlicher Typ und auch als Pflegerin völlig ungeeignet. Nie hätte ich Krankenschwester oder Lehrerin werden können. Aber wenn es turbulent zugeht, behalte ich einen kühlen Kopf. In dieser Rolle bin ich in meinem Element.

Ich fürchte mich nicht vor dem Tod meiner Mutter, sondern davor, dass ich vor ihr sterben und die Freiheit, ein Leben ohne sie zu führen, nie erleben könnte. So, jetzt ist es raus. Mir ist schon klar, dass das kaltblütig klingt, aber ich bin nun mal realistisch. Sie ist jetzt achtundachtzig. Abgesehen von grässlichen Beingeschwüren ist sie eine recht gesunde und fitte alte Dame. Ihr Gedächtnis lässt sie zwar häufiger im Stich, aber so schnell haut sie nichts um.

Im letzten halben Jahr habe ich mehrmals Urlaub genommen, um mich um meine Mutter zu kümmern, aber ich habe es nicht gerne getan. Ich verrichte diesen Dienst aus Pflichtgefühl, nicht aus Liebe. Wie eine schlechte Tochter komme ich mir dabei zwar nicht vor, aber wie eine Betrügerin, denn uns verbindet kein starkes Band, wie es bei Müttern und Töchtern eigentlich der Fall sein sollte. Der Tochterrolle stehe ich mit ambivalenten Gefühlen gegenüber.

Als ich Natasha kennenlernte, brachte ich ihrem Projekt zunächst wenig Enthusiasmus entgegen. Als Moderatorin einer Konferenz hielt sie sich im selben Hotel auf wie ich. Ich war als Angestellte eines Touristikunternehmens geschäftlich aus England nach Dublin gereist. Beruflich organisiere ich Pauschalreisen für Singles, was mir leichtfällt und Freude bereitet, denn ich bin selbst Single und reise für mein Leben gern – allerdings bevorzuge ich Rucksackreisen und exotische Ziele.

Ich saß also in der Lobby und hing meinen Gedanken nach, als sie mich ansprach. »Haben Sie noch eine Mutter? Wie geht es Ihnen bei dem Gedanken, dass sie irgendwann stirbt?«, fragte sie. Meine Antwort hat sie wohl ziemlich schockiert. Normalerweise platze ich auch nicht vor Fremden damit heraus. Aber hier handelte es sich um eine dieser anonymen Unterhaltungen, bei denen man weiß, dass ungeschönte Offenheit keine Folgen hat. Sie erzählte mir vom Club der Töchter und davon, wie überrascht sie war, als sie feststellte, wie viele Töchter ein schwieriges Verhältnis zu ihrer Mutter hatten. Mich überraschte das überhaupt nicht. Diese Schwierigkeiten haben mein Leben bestimmt. Aber ich habe mich nie davon aufhalten lassen. Natasha und ich tauschten Telefonnummern, aber ich erwartete keinen Anruf von ihr.

Tatsächlich aber meldete sich Natasha bereits am nächsten Tag. Ich war gerade in London angekommen. Sie fragte mich, ob ich nicht an ihrem Projekt teilnehmen wolle. Zuerst wollte ich ablehnen und meine Telefonnummer ändern, damit ich nie wieder darüber nachdenken müsste. Doch schließlich überwog meine Neugier. Gab es vielleicht doch eine Möglichkeit, das Verhältnis zu meiner Mutter zu ändern?

Weil ich in London wohne, habe ich nur an einem Treffen persönlich teilgenommen, das stattfand, als ich mich ohnehin geschäftlich in Dublin aufhielt. Doch es gab einen regen schriftlichen Austausch. Ich erledigte meine Hausaufgaben in Mutterpflege so gut es ging.

Als ich den Rest der Gruppe in Natashas Haus traf, bildeten die anderen Töchter bereits einen festen Kreis. Maeve weilte an jenem Abend nicht unter uns, denn sie war mit ihrer Mutter in den Urlaub gefahren. Aber Lily, Róisín, Cathy, Sophie, Grace und Natasha hatten es sich auf dem Sofa bequem gemacht. Zwischen ihnen bestand bereits eine enge Verbindung. Aber ich spürte auch, dass sie sich auf den frischen Wind freuten, den ich als Neuzugang in die Runde brachte. Ich solle von Anfang an erzählen, forderten sie mich auf. Das tat ich dann auch.

Laut meiner Mutter lehnte ich sie schon direkt nach meiner Geburt ab. Ich verweigerte die Brust. Angeblich fing ich an zu weinen, sobald sie in meine Nähe kam. Diese Platte hörte ich ständig. Meine Mutter hat mir zigmal erzählt, dass sie ungewollt schwanger wurde und eigentlich gar nicht heiraten und auch keine Kinder bekommen wollte. Ich wuchs mit der Erfahrung auf, dass Hausfrau- und Muttersein eine grässliche Plackerei war, die meine Mutter sich nicht ausgesucht hatte. Wäre es nach ihr gegangen, würde sie ein völlig anderes Leben führen. Das einer Operndiva oder eines Models. Meine Mutter war in jüngeren Jahren eine südländische Schönheit à la Sophia Loren gewesen, mit rabenschwarzem lockigen Haar, dunklem Teint und einer sinnlichen Figur. Doch sie kam aus einer bettelarmen Londoner Familie und hatte nur wenig Lebenserfahrung und kein Selbstwertgefühl. Sie wusste nicht, wo ihre Talente lagen und machte nichts aus sich. Stattdessen plagte sie eine latente Unzufriedenheit, denn alles hätte irgendwie besser sein können, wenn das Leben nicht so unfair gewesen wäre, sie mit einem Ehemann und einer ungewollten Tochter zu belasten.

Wie meine Mutter stammte auch mein Vater aus einer Arbeiterfamilie aus dem Londoner East End. Er war Roma und hatte nicht mal eine Geburtsurkunde. Bei meiner Geburt war er sechsundvierzig, meine Mutter über zehn Jahre jünger als er. Für die damalige Zeit waren sie recht spät dran mit dem Heiraten und Kinderbekommen. Meine Mutter hatte die Hochzeit so lange wie möglich hinausgezögert.

Ich wusste, dass die Dinge bei uns zu Hause anders liefen als bei meinen Freundinnen. Sie besaßen Plattenspieler, hörten Musik und luden andere zu sich ein. Mein Leben war völlig anders. Meine Mutter jammerte ständig, sie war nie glücklich. Sie besaß eine wenig ausgeprägte Neugier auf die Welt und auf andere Menschen. Aus einer Mücke machte sie stets einen Elefanten, daher war sie nie entspannt. Und ich hatte zu keiner Zeit das Gefühl, dass meine Eltern sich liebten. Zwischen ihnen gab es keinerlei Intimität, keine Küsse, keine Umarmungen. Bestimmt haben sie nur ein einziges Mal miteinander geschlafen – und dabei bin ich entstanden. Seit ich denken kann, hatten die beiden getrennte Betten, wahrscheinlich, weil meine Mutter fürchtete, erneut schwanger zu werden.

Wir wohnten bei meiner Großmutter. Meine Mutter vergötterte sie regelrecht. Ich würde die enge Beziehung der beiden sogar als ungesund bezeichnen. Granny war ihr Ein und Alles. Mum war Einzelkind und folgte Granny – einer dynamischen, lebensbejahenden Frau – auf Schritt und Tritt. Auch ich war ihr innig verbunden, denn sie lachte gern und schenkte mir Aufmerksamkeit, ohne ständig zu jammern.

Merkwürdig fand ich allerdings, dass meine Mutter und

meine Großmutter ständig auf meinem Vater herumhackten. Granny war so involviert in die Beziehung meiner Eltern, dass sie sogar mit ihnen in die Flitterwochen fuhr.

Mein Vater tat mir leid. Doch obwohl ich mich mehr zu ihm hingezogen fühlte als zu meiner Mutter, war er meist kühl und distanziert, in Gedanken versunken. Vor der Ehe mit meiner Mutter hatte er ein vogelfreies Leben geführt und war überall auf der Welt zu Hause gewesen. Sesshaftigkeit war nichts für ihn. Er war ein Wanderer, den man zur alltäglichen Routine verdammt hatte. Meine Mutter nörgelte ständig an ihm herum, bis es ihm schließlich zu bunt wurde und er in die Kneipe verschwand. Wenn sie sich aufregte, wurde sie fuchsteufelswild und klagte über ihr fürchterliches Schicksal. Doch meine Eltern blieben zusammen, meine Mutter kochte, putzte und schimpfte, mein Vater sehnte sich nach Freiheit und Frieden, den er woanders fand. »Heirate bloß nicht«, brüllte sie mir zu, wenn mein Vater sich mal wieder türenschlagend in die Kneipe trollte. »Lass dich niemals einfangen. Krieg keine Kinder.« Ich folgte ihrem Rat. Seltsam, oder?

Schon im Alter von sieben Jahren wusste ich, dass ich von zu Hause ausziehen würde, sobald ich konnte. Meinen ersten Auslandsaufenthalt erlebte ich, als ich mit meiner Klasse nach Belgien und Holland fuhr. Ich weiß noch, wie ich im Speisesaal mit den Nonnen zusammensaß – wir wurden von Nonnen unterrichtet – und das erste Mal im Leben Wasser in Flaschen sah. Man servierte uns Pferdefleisch. Ich war tief beeindruckt, während meine Klassenkameraden so taten, als müssten sie sich gleich übergeben. Das war 1968 gewesen. Auf dieser Klassenfahrt seilte ich mich ständig ab. Ich mischte mich unter die Zuschauer eines kostenlosen Open-Air-Konzerts, von denen die meisten im Drogenrausch waren, doch damals wusste ich das natürlich noch nicht. Ich freundete mich sogar mit ein paar Hippies an.

Sie gaben mir einige Münzen, damit ich mir einen Flummy aus einem Automaten ziehen konnte – die bedröhnten Hippies und ich spielten vergnügt mit unseren Flummys, und ich war glücklich. Dann stießen die Nonnen dazu, und der Spaß war vorbei. Doch von dem Augenblick an wusste ich, dass ich so bald wie möglich in die Welt hinausziehen wollte. Da draußen gab es so viel zu erleben, und offenbar konnten Erwachsene genauso viel Spaß haben wie Kinder.

In den frühen Siebzigerjahren gab es als Teenager aus Londons Arbeiterschicht nur zwei Möglichkeiten: entweder wurde man zum langweiligen Teenie, stand auf die *Bay City Rollers*, las Mädchenzeitschriften und träumte von seiner Hochzeit, oder man hielt sich für alternativ, las Karl Marx, nahm am Schulstreik teil, interessierte sich für den französischen Existenzialismus, die radikale Filmkultur und Punk. Ich las keine Mädchenzeitschriften.

Ein Lehrer ermutigte mich schließlich zum Studium. Von meiner Mutter erhielt ich keinerlei Rat oder Weisung für meine schulische oder akademische Karriere. Meine Eltern setzten keine hohen Erwartungen in mich. Meine Welt war so eng. Ich hatte das Gefühl, bei einem sehr alten Ehepaar aufgewachsen zu sein, mit dem mich nichts verband.

Sie hatten überhaupt keine Ahnung von der Welt, lasen Boulevardzeitungen und sahen sich schlechte Quizsendungen an. Albert Camus oder der französische Existenzialismus waren ihnen völlig fremd. Mit ihnen konnte ich nicht über diese Themen reden. Wie es sich für einen Jugendlichen gehört, waren meine Eltern damit für mich abgeschrieben.

Draußen aber saugte ich dieses Wissen auf, wo ich es finden konnte. Ich hatte das Gefühl, so zu der Person heranzureifen, die ich hätte werden sollen. Auf keinen Fall wollte ich so sein wie meine Mutter, unzufrieden und verbittert. Ihre Fehler würde ich nicht wiederholen. Ich wollte weg und würde nie mehr zurückblicken.

Dennoch habe ich mich immer darum bemüht, ihr das Leben schöner zu machen, sie behutsam dazu zu bewegen, gute Entscheidungen zu treffen. Im Ausland war meine Mutter das erste Mal, als ich sie und meinen Vater zu einem Urlaub in die Türkei einlud. Aus dieser Zeit stammt auch das einzige Foto von ihr, das sie glücklich zeigt.

Es macht mich tieftraurig, in meiner Mutter eine Frau zu sehen, die nie als Erwachsene in der modernen Welt angekommen ist. Der Schlüssel dazu liegt irgendwo in ihrer Vergangenheit, aber ich habe ihn noch nicht gefunden. Stattdessen erinnere ich mich lediglich an wütende, brutale Streitereien und an ihren furchterregenden Zorn, der sich gegen mich und meinen Vater richtete. Gegen meinen Vater, weil er in der Kneipe ein wenig Freiheit fand, und gegen mich, weil ich zu laut und zu unordentlich war. Keilereien im Arbeitermilieu, Essen wird an die Wand geworfen, dicke Luft, Türenknallen. Keine räumliche Distanz zu den Eltern, eine unnatürlich enge Beziehung zur eigenen Mutter und ein Neugeborenes – eine explosive Mischung.

Armut erzeugt Groll, und damit meine ich nicht nur finanzielle, sondern auch die emotionale Armut meiner Eltern, die nicht in der Lage waren, sich auszusprechen, sondern sich bei jedem Konflikt in ihre Schmollwinkel verzogen.

Schon sehr früh hatte ich das Gefühl, mit meinen Eltern nichts gemein zu haben. Ich interessierte mich für Popmusik, doch meine Mutter empfand schon die Beatles als Vorboten der Apokalypse, obwohl sie erst vierzig Jahre alt war.

Angst vor allem Neuen zog sich durch den reaktionären Alltag meiner Mutter wie ein roter Faden.

Mit fünfzehn war es so weit. Ich brach die Schule ab und wagte den großen Befreiungsschlag.

Mein Vater saß da mit einem Gesicht wie sieben Tage Regenwetter, aber er konnte mich nicht aufhalten. Meine Mutter wollte wissen, wie ich mich zu finanzieren gedachte und mutmaßte laut, ich würde ohnehin bald wieder angekrochen kommen. Ich aber wusste, dass alles gut gehen und ich meinem Elternhaus ein für alle Mal den Rücken kehren würde. Es gab zwar keine herzliche Verabschiedung an der Tür, aber auch keinen Streit. Rückblickend habe ich den Eindruck, sie hatten nichts anderes erwartet. Ich schnallte mir also meinen Rucksack auf und fuhr per Anhalter mit meiner besten Freundin und ihrem älteren Bruder nach Devon. Dort lebten ihre älteren Geschwister, mit denen wir in einer Art Hippiekommune wohnten – endlich fühlte ich mich zu Hause. Bald zog es mich aber wieder nach London, wo ich mit anderen leere Häuser besetzte und mich der Punkszene anschloss. Zu meinen Eltern hielt ich nur den nötigsten Kontakt. Wenn ich sie besuchte, wollte meine Mutter immer wissen, warum ich mir keinen Job suche, während mein lieber Vater mir heimlich Geld zusteckte, das ich gar nicht brauchte, denn ich war mittlerweile finanziell unabhängig, hielt mich mit allerlei Nebenjobs über Wasser. Irgendwann lebte ich sogar mal in einer Höhle in Griechenland und arbeitete dort als Schäferin. Meine Eltern schickten mir Tee und Tabak, ich schickte Briefe. Wenn ich zu Hause anrief, gestanden sie mir, dass sie meine Zeilen wunderbar fänden und sie immer wieder lesen würden. Endlich hatten sie mein unkonventionelles Leben akzeptiert.

Als ich in den Achtzigerjahren nach London zurückkehrte, absolvierte ich ein Studium und fand einen Job im öffentlichen Dienst. Damals entspannte sich auch das Verhältnis zu meinen Eltern. Vor allem als mein Vater noch lebte, besuchte ich sie einmal im Monat, meist am Sonntag, und es war immer recht nett. Es gab Braten, wir tauschten Neuigkeiten aus, und ich, die hitzköpfige Revoluzzerin, agitierte gegen Thatcher, schalt meine Eltern, weil sie immer noch die *Daily Mail* lasen, erzählte ihnen begeistert von Aufständen und verkündete den Untergang der Gesellschaft, wie sie sie kannten. Ehrlich gesagt war ich mit meinen zwanzig Jahren eine ziemliche Langweilerin. Statt mich in Discos und auf Partys auszutoben, nahm ich an Veranstaltungen der *Socialist Workers Party* teil und errichtete Barrikaden.

Ich habe eine Freundin namens Jenny, die sich sehr intensiv um die Beziehung zu ihrer Mutter bemüht hat. Das hat mich dazu motiviert, meiner Mutter auch mehr Verständnis entgegenzubringen. Jetzt, wo sie Hilfe braucht, habe ich meine Arbeitszeit auf vier Tage reduziert. Jeden Freitag verbringe ich mit ihr, ich koche ihr das Essen für die Woche, kümmere mich um ihre Medikamente und Krankenhausbesuche. Vor fünf Jahren habe ich das Thema betreutes Wohnen angesprochen. Bei ihr zu Hause gibt es nur ein WC im ersten Stock. Das ist ungünstig. Aber sie verweigert sich der Diskussion. »Du wirst mich nicht in ein Heim stecken«, brüllt sie dann. Nur im absoluten Notfall würde sie umziehen.

Ich versuche, das Richtige zu tun. Doch das geschieht mehr aus Pflichtgefühl. Meine Mutter ist mir nicht egal, wirklich nicht. Ich möchte schon irgendwie, dass es ihr gut geht. Doch sie ist so unglücklich, wie sie es immer war, egal, was andere für sie tun oder zu ihr sagen. Vielleicht weiß sie nicht, wie Glück geht.

Letztens habe ich ihr einen gepolsterten Rollstuhl gekauft, weil sie nicht mehr ohne Hilfe gehen kann und seit ein paar Monaten nicht mehr aus dem Haus gekommen war. Damit schob ich sie bis zur Hauptstraße, brachte sie in eine Kneipe, die ihren Lieblingswhiskey führt, und zeigte ihr, wie die Sonne auf den Teich im Park nebenan schien. Sie hat sich nicht mal bei mir bedankt. Kein: »Wie lieb von dir« oder: »Das war ein schöner Ausflug«, stattdessen kam nur: »Is ja kälter, wie ich dachte.«

Manchmal komme ich mir vor wie in einer Komödie. »Is ja kälter, wie ich dachte.« In der halben Stunde, die wir miteinander unterwegs waren, wiederholte sie diesen Satz bestimmt zwanzig Mal.

Würde meine Mutter morgen sterben, wäre ich selbstverständlich traurig. Vor allem, weil es mir nicht mal gelungen wäre, sie dazu zu bewegen, sich selbst zu helfen oder das Leben einfach zu genießen. Es scheint fast so, als läge ein dunkler Schatten über ihrem Leben, als laste auf ihr das Joch der Schwermut. Als Kind spürte ich das und wollte dieser Düsterkeit möglichst schnell entfliehen. Es war mir wichtig, lebensbejahend und abenteuerlustig zu sein. Das ist mir auch gelungen. Mir ist schon vor einiger Zeit klar geworden, dass ich mit alledem einfach abschließen sollte.

Ich habe das Gefühl, dem Titel »Tochter« nicht gerecht zu werden, denn ich bringe meiner Mutter weder sentimentale noch liebevolle Gefühle entgegen, wie es sich für eine echte Tochter gehört. Meine Mutter ist mir ein Rätsel, das ich einfach nicht lösen kann. Ich will wissen, was ihr Problem ist. Warum hat sie nie versucht, ihr Leben zu leben? Eine Frage würde ich ihr gern stellen: »Warum hast du dich nie getraut?« Nie hat sie sich von ihrer Mutter gelöst, nie hat sie rebelliert oder sich zu einer eigenständigen Persönlichkeit entwickelt. Und das verstehe ich nicht. Ich würde diese Nuss gern knacken.

Allerdings glaube ich, dass es dafür zu spät ist. Ich kann

ihr vielleicht dabei helfen, ihre Sterblichkeit zu akzeptieren. Sie will einfach nicht wahrhaben, dass sie nicht mehr allein gehen kann, dass sie alt und vergesslich wird. Gern würde ich ihr ein gutes Begräbnis ausrichten. Beim Umweltschutz sind wir uns einig. Ich glaube, sie möchte einen biologisch abbaubaren Sarg. Kürzlich zeigte sie mir eine Broschüre für Bambussärge. Auf dem Bild stand der Sarg in einem Hain mit Glockenblumen. »Ist das nicht wunderschön?«, fragte sie mich. Vermutlich sollte ich darüber mit ihr sprechen. Und wenn es das Einzige ist, was ich für sie tun kann.

Am meisten beschäftigt mich meine Sorge, dass meine Mutter über hundert wird und ich zusehen müsste, wie sie sabbert und Windeln trägt. Ich will nicht, dass mein Leben stillsteht, weil ich mich um sie kümmern muss.

Es mag grausam und berechnend klingen, aber sie hockt auf einem Haus, das aufgrund seiner Lage relativ viel wert ist. Wenn sie stirbt, könnte ich es verkaufen und mir mit dem Geld meinen Lebenstraum verwirklichen: Ich möchte die Welt bereisen. Ich habe noch so viel Leben vor mir. Tochter wider Willen? So kann man es auch ausdrücken. Frustriert trifft es wohl eher.

Gedanken zur Tochter wider Willen

Natasha

Es gab nur eine einzige Phase in meinem Leben, in der ich mich wie eine widerwillige Tochter benahm, und das war während der Pubertät. Bei uns zu Hause war immer was los. Unsere Familie stand nie still. Der Flur quoll über vor Sporttaschen, Turn- und Rugbyschuhen und Hurlingschlägern. Aber ein turbulenter Haushalt führt sich nicht von

selbst. Wir hatten alle unsere Aufgaben. Ich war fürs Badezimmer zuständig, meine Schwester kochte an zwei Tagen
das Essen, meine kleine Schwester saugte, ein Bruder mäh-
te den Rasen, der andere musste den Kamin sauber halten.

Wie unzählige andere auch war meine Mutter ab und an
überfordert und überlastet von ihrer Verantwortung. Einen
großen Teil davon lud sie mir auf, denn ich war die älteste
Tochter. Ich wusste zwar, dass ich sie hätte unterstützen
müssen, aber ich wollte nichts wie raus aus dieser Situation.
Statt direkt nach der Schule nach Hause zu kommen und ihr
bei der Hausarbeit zu helfen, war ich stundenlang bei meiner Freundin, trank mit ihr Kaffee, hörte Musik und quatschte über Gott und die Welt. Später verbrachte ich so viel Zeit
wie möglich bei meinem Freund, wo es so viel ruhiger war
als bei uns. Bald hatte ich einen Nebenjob im Theater und
stürzte mich in diese neue Welt. Mit meiner Mutter wollte
ich nichts zu tun haben, und die älteste Tochter – mit allem,
was dazugehört – wollte ich schon gar nicht sein.

In dieser Zeit hatte meine Mutter keinen Zutritt zu meinem Leben. Irgendwann aber wurde ich klüger und entwickelte mich weiter. Die widerwillige Tochter war ich nur
vorübergehend. Es war nur eine Phase meines Lebens. Ich
kam nicht mal auf den Gedanken, dass dieses Gefühl für
immer bestehen könnte.

Anna ist ein unfreiwilliges Einzelkind, auf deren Schultern die volle Verantwortung für ihre alternde Mutter lastet.
Was ist schlimmer? Die alte Mutter zu verlassen, um sich
selbst zu verwirklichen, oder sich in einer ausweglosen Lage
zu befinden, weil man sich verpflichtet fühlt, die Mutter zu
pflegen? Beides klingt einigermaßen grässlich. Entweder hat
man fürchterliche Schuldgefühle oder man erträgt die elen-
de Situation, sich um eine Frau zu kümmern, die man nicht
ausstehen kann.

Unfreiwillige Töchter wie Anna suchen lange nach einer Lösung für dieses Problem. Manchmal dauert diese Suche sogar ihr ganzes Leben.

Debbie:

Die enttäuschende Tochter

Ich bin erst spät zum Club der Töchter gestoßen. Bis vor Kurzem arbeitete ich in einem Kellerbüro in der Innenstadt, das ich »Bunker« getauft hatte. Dort saß ich jeden Tag von sieben bis siebzehn Uhr mit Kopfhörern auf den Ohren im Licht der flackernden Neonröhren und belauschte die Gespräche von Fremden.

Bei meinem letzten Projekt unterhielten sich die Probanden über Katzenfutter, und das Gespräch war so fesselnd, dass ich das Produkt am liebsten selbst probiert hätte.

Den Bunker mochte ich nicht, aber meinen Job schon. Für neugierige Menschen wie mich – in der Schule nannten sie mich Debbie, die Neugiernase – war diese Arbeit perfekt. An einem Tag lauschte ich Katzenfreunden, am nächsten einer Runde Biochemiker beim Gespräch über die neuesten Krebstherapien. Ich tippte diese Unterhaltungen vom Band ab, damit meine Kunden das dort Gesagte schriftlich hatten. Ich hatte keine Ahnung, was danach mit den Texten geschah. War die Niederschrift verschickt, hatte ich meine Arbeit erledigt. Weil ich die Ähms und Öhms beim Tippen nicht erfasste, wirkte der geschriebene Text hochwertiger als das tatsächlich Gesprochene. Ich war gut, weil ich schnell tippte.

Aber um meine Schnelligkeit beim Tippen geht es hier nicht, sondern darum, wie Töchter sich mit ihren Müttern verstehen. Oder auch nicht.

Wenn es um die Liebe zwischen Müttern und Töchtern geht, habe ich manchmal das Gefühl, auf dem falschen Planeten gelandet zu sein. Um mich herum sehe ich Töchter, die sich mit ihren Müttern amüsieren, shoppen oder essen gehen. Meine Freundinnen erzählen mir von ihren Plänen am Muttertag und auf welche Schönheitsfarm sie fahren. Dabei ist offensichtlich, dass sie sich auf die gemeinsame Zeit mit ihren Müttern freuen. Aber mir fehlen in solchen Gesprächen die Anknüpfungspunkte, ich habe keinerlei Erfahrungen in diesem Bereich, die ich mit ihnen teilen könnte. Das verrate ich ihnen jedoch nicht, stattdessen nicke ich lächelnd und gebe passende Antworten. Später, wenn ich wieder allein bin, denke ich an meine Mutter und weine.

Meine Überlebensstrategie besteht darin, mir nichts anmerken zu lassen. Man steht ziemlich allein da, wenn man sich als Tochter nicht mit seiner Mutter versteht, aber ich kenne das seit Jahren und habe mich daran gewöhnt. Man passt sich eben an, behält es für sich. Denn mal ehrlich: Wie gestört muss man sein, um sich nicht mit seiner Mutter zu verstehen? Über so was will doch keiner reden!

Aber auf einmal interessierte sich offenbar doch jemand für dieses Thema, und ich wurde dafür bezahlt, die Diskussionen darüber schriftlich festzuhalten.

Ich arbeitete immer öfter an den Aufzeichnungen des Clubs der Töchter, obwohl ich dringendere Projekte hatte, weil ich unbedingt wissen wollte, wie es weiterging. Beim Abhören der Bänder dachte ich immer wieder: Ich bin nicht allein, es geht auch anderen so.

Maggie, die zwei Kabinen weiter saß und sich mit ziemlich langweiligem Zeug rumschlug, war total neidisch auf mich, weil ich die Aufzeichnungen des Clubs abtippen durfte.

»Du hast es gut. Lauter Frauen, die über ihre Mütter lästern«, bemerkte sie, als ich ihr davon erzählte. Für mich waren diese Bänder wie eine Seifenoper. Jede Woche eine neue spannende Folge.

»Sie lästern nicht«, erwiderte ich.

»Na, ich wette, die zicken ziemlich rum«, beharrte Maggie.

»Ich würde das nicht als Rumzicken bezeichnen, sondern eher als eine Art reflektierendes Gespräch«, verteidigte ich sie. Das Projekt hatte mich von Anfang an begeistert, mittlerweile fühlte ich mich den Frauen regelrecht verbunden. »Sie teilen ihre Erfahrungen miteinander, unterstützen sich und hören einander zu. Ja, gut, es geht um ihre Mütter, aber sie sprechen auch über ihre Rolle als Tochter. Sie nennen es therapeutisch.«

»Therapeutisch, ja klar!«, mokierte sich Maggie. »Wenn meine Mutter wüsste, dass ich mich regelmäßig mit ein paar Frauen zum Essen treffe, um über sie herzuziehen – was gab's noch mal beim ersten Treffen zu essen?«

»Chili mit braunem Reis, Gemüserouladen und selbstgebackenes Knoblauchbrot.«

»Also, wenn sie wüsste, dass ich zusammen mit anderen Frauen bei Chili, braunem Reis, Gemüserouladen und Knoblauchbrot über sie herziehen würde, wäre sie entsetzt. Erzählen sie ihren Müttern eigentlich, was sie da treiben?«

»Nein, darum geht es ja gerade. Sie versuchen, bessere Töchter zu sein, und ...«

»Na, also ich finde das ganz schon mies«, meinte Maggie. »Was wären sie denn ohne ihre Mütter? Nichts. Und wie danken sie es ihnen? Indem sie sich gegenseitig erzählen, wie schrecklich ihre Mütter sind. Das ist doch voll daneben!«

»Wie geht es deiner Mutter?«, fragte ich sie, um das Thema zu wechseln. Es funktionierte. Den Rest der Mittagspause verbrachte sie damit, ja, über ihre Mutter herzuziehen, ohne sich der Ironie ihres Verhaltens bewusst zu sein. Maggie finde ich klasse.

Wenn ich an manchen Tagen im Bunker saß und versuchte, mich trotz der ratternden Lüftung zu konzentrieren, malte ich mir aus, was ich Natasha auf die Frage nach der Beziehung zu meiner Mutter antworten würde. Tatsächlich wusste ich damals nicht, was ich darauf hätte sagen sollen. Meine Mutter ist zu meiner Schwester nach Australien abgehauen. An ein richtiges Gespräch ist nicht zu denken. Sie trauert um meinen Vater, der letztes Jahr gestorben ist, aber ihre Trauer ist privat. Sie teilt sie mit niemandem und schon gar nicht mit mir.

Auf Natashas nicht gestellte Frage würde ich also antworten: »Ich weiß nicht, was ich Ihnen über meine Mutter erzählen soll. Seit dem Tod meines Vaters habe ich das Gefühl, auch sie verloren zu haben. Vielleicht hat sie sich auch absichtlich selbst verloren. Sie unterhält sich nicht mehr richtig mit mir. Wie geht es ihr? Vermisst sie Dad? Wann kommt sie zurück? Sobald ich das Gespräch auf diese Themen lenken will, verschließt sie sich, oder unsere Skype-Verbindung gibt ganz plötzlich den Geist auf. Sie ist auf der Flucht, dabei zieht sie sich immer weiter in sich selbst zurück. Und in die Welt der Computerspiele.

Nach dem Tod meines Vaters war ich bei einer Trauerberatung, was mir sehr geholfen hat. Ich wollte meine Mutter auch dazu bewegen, aber sie hat sich komplett verweigert: »Wozu soll ich darüber reden, das macht alles nur noch schlimmer.«

Wie es meiner Mutter geht? Gute Frage. »Sie ist verschollen. Vermutlich schon mein ganzes Leben lang.« Das würde ich antworten.

Ich bin fünf Jahre alt und sitze bei meinem Onkel auf dem großen roten Sofa. Onkel Tom sitzt neben mir, er isst Süßigkeiten aus einer Tüte. Die Bonbons riechen nach Nelken, wie zu Weihnachten, wenn meine Mutter Orangen mit Gewürzen spickt und sie an einem roten Band über die Tür hängt. Die Bonbons sind rot und weiß, sie schmecken mir nicht. Ich will meine Bonbons, die aus meiner Tasche. Sie sind bunt und sehen aus wie kleine Geschenke. Manche sind auch gestreift. Im Kern dieser kleinen Geschenke steckt eine Überraschung, meistens Schokolade, die aus den Seiten quillt wie die Füllung aus einem Kissen und wunderbar schmeckt. Onkel Tom macht beim Essen seiner Bonbons so komische Geräusche. Klack, Schmatz. Ich auch. Ich mache Krach, Schmatz. Zusammen sind wir wie ein Orchester und machen Musik.

Meine Eltern lassen mich öfter bei Onkel Tom, wenn sie einkaufen. Heute bin ich zum ersten Mal mit ihm allein. Bevor sie gingen, haben sie ihm lauter Fragen gestellt und Anweisungen gegeben: »Schaffst du das allein?«, »Gib ihr keine Süßigkeiten!«, »Vergiss nicht, sie hin und wieder zu fragen, ob sie auf die Toilette muss.«

Meinen Onkel Tom habe ich sehr lieb. Er ist nett. Kaum waren meine Eltern gegangen, zog er eine Tüte mit meinen Lieblingsbonbons hinter der Bibel auf dem obersten Regal hervor und drückte sie mir mit einem Augenzwinkern in die Hand. »Unser kleines Geheimnis, hm, Debbie?«, sagt er. »Unser kleines Geheimnis«, erwidere ich, und bei meinem Versuch, zurückzuzwinkern, verziehe ich mein Gesicht zu einer Grimasse. Er lacht.

Im Fernsehen läuft meine Lieblingssendung. Wir amüsieren uns köstlich. Onkel Tom hat ein keuchendes Lachen, manchmal rasselt sein Atem, aber ich sage nichts, weil ich so glücklich bin. Dann kramt er eine Packung Kaminhölzer hervor. »Wollen wir uns ein kleines Feuerchen machen, Debs?«, fragt er. Wunderbar, wie es knistert. Wie sich die brennende Zeitung aufrollt und im Kamin herumwirbelt.

Ich bin fünf Jahre alt, sitze mit einer Tüte Bonbons neben meinem Onkel Tom und lausche seinem rasselnden Atem. Ich glaube, alles führt zurück zu diesem Augenblick, als Onkel Tom mich fragt: »Na, Debbie, soll ich noch einen Scheit in den Kamin werfen?«

Vor ein paar Tagen rief Natasha in unserem Büro an, weil sie die nächste Abschrift ein bisschen schneller haben wollte. Sie wollte wissen, ob die Bänder immer von derselben Person abgetippt würden. Ich bejahte. Diese Person war ich.

Als sie mich fragte, was ich von den Gesprächen halte, sagte ich ihr, dass ich mich beim Abhören der Bänder weniger allein und seltsam gefühlt habe, dass ich das Buch unbedingt lesen wolle und es auch meinen Kindern zum Lesen geben würde, wenn sie älter sind. »Ich verstehe mich nicht gut mit meiner Mutter«, gestand ich. »Da bist du nicht die Einzige«, erwiderte Natasha. Dann habe ich gelacht und ihr erzählt, wie viel Vergnügen mir das Abtippen ihrer Unterhaltungen bereite. Daraufhin lud sie mich ein, dem Club der Töchter beizutreten. Zuerst zögerte ich, weil ich meine Geschichte für nicht wichtig genug hielt, aber schließlich willigte ich ein. Ja, ich wollte mit anderen Frauen über meine Mutter sprechen, mit anderen Töchtern, die mich nicht verurteilen und mich verstehen würden. Als ich den Hörer auflegte, merkte ich, dass ich die ganze Zeit auf diese Einladung gewartet hatte.

Mein erstes Treffen mit dem Club der Töchter war komisch, gar keine Frage. Ich war tierisch nervös. Als ich Maggie auf der Arbeit davon erzählte, fehlten ihr glatt die Worte. Als sie die Sprache wiedergefunden hatte, bezeichnete sie mein Vorgehen als unprofessionell. Ich wusste zwar, was sie damit meinte, aber das war mir egal.

Es war Zeit, dass ich mich dem Problem mit meiner Mutter widmete.

Trotz aller guten Vorsätze verließ mich dann doch fast der Mut. Ich saß eine halbe Stunde vor Róisíns Haus im Auto, bevor ich mich aufraffte und hineinging. Dabei hatte ich das Gefühl, mich meiner Mutter gegenüber treulos zu verhalten und fragte mich, wie mein Vater das finden würde. Es fehlte mir an Selbstbewusstsein. Was würden die anderen von mir denken? Die ganze Fahrt über hatte ich mir Mut zugesprochen. Eigentlich bescheuert. Seltsamerweise gehe ich bei meinen Vorhaben meist davon aus, die anderen seien perfekt und ich völlig unzulänglich. Damit lag ich bisher immer falsch. So auch hier: Die Frauen sollten sich als normal, offen und herzlich entpuppen. Ich war zu früh dran, nur Róisín und Natasha waren schon da. Es fühlte sich alles viel selbstverständlicher an als erwartet. Kaum hatte ich mich an ein paar Chips gütlich getan, trudelten auch schon die anderen ein: Lily, Maeve, Cathy, Grace, Sophie. Anna war in London, hieß mich aber mit einer SMS in der Runde willkommen. Auf mich wirkte dieses Treffen, als lernte ich die Figuren aus einem Buch im wahren Leben kennen – und so war es ja auch. Ich kannte sie alle, ihre Stimmen waren mir vertraut.

Als ich die Frauen bat, in Zukunft nicht so laut mit dem Besteck zu klappern, weil ich sonst Probleme bei der Abschrift hätte, war das Eis gebrochen. Die Vorstellung, dass ich unser Gespräch später abtippen würde, amüsierte uns. Ich höre meine Stimme nicht so gern auf Band. Da bin ich wie meine Mutter. Wir sind beide ziemlich unsichere, nervöse Menschen. Schon beim Klingeln des Telefons schreckt sie regelmäßig zusammen.

Aber schon nach kurzer Zeit hatte ich mich von meinen Vorbehalten befreit und redete munter drauflos. Ich empfand es als überaus befreiend, ohne inneren Zensor über meine Mutter reden zu können.

Zunächst aber sprach ich über den Tod meines Vaters. Er hatte Krebs. Die Ärzte konnten nichts für ihn tun. Nach der Diagnose blieben ihm drei Monate. Solche Geschichten liest man normalerweise in Zeitungen, aber sie passieren immer anderen. Jetzt sind wir die anderen. Ich vermisse ihn. Seit seinem Tod werde ich immer wieder gefragt, wie es meiner Mutter gehe. Und ich gebe immer wieder dieselbe Antwort: »Weiß ich nicht.« Momentan weiß ich es nicht, weil meine Mutter mal wieder in Australien ist, obwohl sich der Tod meines Vaters zum ersten Mal gejährt hat. An jenem Tag war ich sehr traurig. Die Leute kamen auf mich zu, um sich nach uns zu erkundigen. »Und wie geht es deiner Mutter?«

Seit zwei Wochen habe ich nicht mit ihr geredet. Sie geht nicht ans Telefon, will nur mit mir skypen, aber ich hasse Skype. Ich mag mir nicht beim Telefonieren zusehen. Sie ist vom Sparen ganz besessen, da kommt ihr Skype gerade recht.

Den anderen Töchtern erzählte ich von den Qualen und Mühen des ersten Jahres nach Daddys Tod. Auf dem Sterbebett sagte er mir: »Kümmere dich um deine Mutter.« Dann prophezeite er mir, was nach seinem Tod passieren würde. Es ist genau so gekommen. Die Gruppe meinte, ich solle in meine Kindheit zurückblicken, und da ich mich in der Runde heimisch fühlte, folgte ich dem Vorschlag.

Mein Bruder Billy kam mit Downsyndrom und damit einhergehenden Herzproblemen auf die Welt. Als Baby wurde er mehrere Male operiert. Wahrscheinlich übernahm ich deshalb schon früh die Verantwortung für Billys Zwillingsschwester Edwina. Meine Mutter machte sich große Sorgen um Billy. Sie rannte von Pontius zu Pilatus, von Klinik zu Klinik und hatte nur wenig Zeit für meine Schwester und mich. In dieser Zeit habe ich mich vermutlich von ihr entfremdet.

Doch dann erzählte ich der Runde von jenem Besuch bei Onkel Tom, der noch weiter in meiner Vergangenheit zurückliegt. Ich erinnerte mich an das Zimmer mit dem zum Sofa passenden roten Teppich. Der Sofabezug war uneben, so wie Cord, aber geringelt. Ich fuhr gern mit dem Finger über die Struktur, mochte die erhabenen Stellen.

Auf diesem Sofa saß ich stundenlang und strich zur Beruhigung immer wieder über den Stoff, während mein Onkel Tom bewusstlos auf dem roten Teppich lag. Er blockierte die Tür, deshalb konnte ich niemanden zu Hilfe holen. Ich streichelte über das Sofa und schaute Fernsehen. Irgendwann fing der Hund, Onkel Toms Border Collie, an zu jaulen und hörte nicht mehr auf.

Ich rief: »Onkel Tom, wach auf!« Immer und immer wieder rief ich das. Aber irgendwann dachte ich, er wacht nicht mehr auf, dann bleibe ich eben einfach hier sitzen und gucke weiter Fernsehen, bis Mum und Dad wiederkommen. Es dauerte ewig. Und Onkel Tom wachte tatsächlich nie wieder auf.

Als meine Eltern vom Einkaufen zurückkehrten, brach die Hölle los. Irgendwer sprach von einem schweren Herzinfarkt, dann bugsierte man mich unsanft ins Schlafzimmer im ersten Stock. Wochen später brachte meine Mutter mich zum Arzt, weil ich ein wenig verschlossen wirkte. Der Arzt meinte: »Sie ist erst fünf, daran erinnert sie sich nicht.« Aber das tue ich. Ich erinnere mich an jedes Detail. An die roten und goldenen Wirbel auf der Tapete, das Ticken der riesigen Standuhr, das Knistern des Kaminfeuers, das zuerst rot glühte und schließlich erstarb, an Onkel Toms Hund, der jaulte, jaulte, jaulte, und an das Knacken der Bonbons zwischen meinen Zähnen.

Seltsamerweise habe ich nicht mehr oft daran zurückgedacht. Doch obwohl ich mich nicht jahrelang damit beschäftigt habe, ist mir sonnenklar, dass dieses Erlebnis einen bleibenden Eindruck auf mich hatte. Ungefähr dreißig Jahre später habe ich mich wegen Depressionen einer Therapie unterzogen. Damals brach alles aus mir heraus, als hätte jemand die Schleusentore geöffnet. Am ersten Tag schickte mich der Therapeut nach Hause. Ich solle mit meiner Mutter darüber sprechen. Das versuchte ich dann auch. Aber sie wollte nicht. Hat sich einfach geweigert. Meinte: »Darüber will ich nicht sprechen, das ist Vergangenheit. Wozu sollte das gut sein? Man kann die Sachen auch überinterpretieren.«

Von da an verschlechterte sich unser Verhältnis. Tatsächlich glaube ich allerdings, dass unser Verhältnis schon damals, als ich fünf war, in die Brüche gegangen war. Sie meinte, das Richtige zu tun, folgte dem Rat des Arztes, und sprach nie mit mir darüber. Dann kam Billy auf die Welt, ich musste mich um Edwina kümmern und irgendwann, über die Jahre, setzte zwischen uns eine Gefühlskälte ein. Das Kleid für meinen Abschlussball hat mein Dad mit mir zusammen ausgesucht. Man muss sich das mal vorstellen – dabei ist das doch eine Sache, die eine Mutter unbedingt mit ihrer Tochter machen will. Wenn ich jetzt darüber nachdenke, macht es mich traurig.

Meine Geschichte dauerte eine gefühlte Ewigkeit, aber die Gruppe lauschte geduldig.

Ich kann meiner Mutter verzeihen. Ihr mangelndes Mitgefühl – für mich als Fünfjährige und als Dreiundvierzigjährige – kann ich vergessen, aber ich weiß nicht, ob sie mir verzeihen kann. Ich habe das Gefühl, sie enttäuscht zu haben. Als Teenager habe ich genauso viel Mist gebaut wie andere in dem Alter auch. Aber meine Mutter ist nie darüber hinweggekommen. Ich habe ihre Erwartungen nicht erfüllt. Und so ging es weiter. Andauernd fühlte ich mich, als bliebe ich hinter ihren Ansprüchen zurück – auch heute als erwachsene Frau, Ehefrau und Mutter.

Einmal kam ich nach Hause und fand sie im Schlafzimmer von meinem Mann und mir vor, wo sie die Schublade mit der Unterwäsche meines Mannes aufräumte. Ich weiß, das klingt jetzt komisch, aber sie wirkte dabei richtiggehend verärgert. Als bekäme ich nicht mal so was Einfaches hin wie Ordnunghalten.

Vor ein paar Wochen lud sie meinen fünfzehnjährigen Sohn für ein paar Tage zu sich in den sonnigen Südosten Irlands ein. Ich half ihm, seine Tasche zu packen, lud das Gepäck und meinen Sohn ins Auto und stellte erst auf halbem Weg fest, dass er keine Schuhe trug. Ich fand die Geschichte furchtbar komisch. Als er schließlich barfuß vor der Tür seiner Großmutter stand, fiel mir auf, dass ich die falsche Tasche mitgenommen hatte. Also hatte er keine Schuhe und keine Klamotten außer denen, die er anhatte. Wir lachten schallend über unsere Dummheit. Ich gab meiner Mutter ein bisschen Geld und bat sie, ein paar billige Sachen zu kaufen. Da drehte sie total durch. Sie wurde regelrecht hysterisch.

»Das muss man doch merken! Du bist seine Mutter. Bist du so blöd oder tust du nur so?« All das sagte sie vor meinem Sohn. Und es war nicht das erste Mal. Solche Beschimpfungen sind an der Tagesordnung. Bei mir sehe es aus wie bei Hempels unterm Sofa. Ich würde meine Kinder vernachlässigen. Ich würde zu viel arbeiten. Ehrlich gesagt geht es mir in ihrer Gesellschaft nicht gut. Ich komme mir vor wie eine Totalversagerin. Wenn ich die Küche neu streiche, sagt sie: »Die Farbe ist ein bisschen dunkel für diesen Raum.« Ihre negative Haltung macht mir am meisten zu schaffen.

Seit Kurzem frage ich mich allerdings, was ich eigentlich zu ihrem Wohlbefinden beitrage. Fühlt sie sich in meiner Gegenwart wohl?

Vielleicht ist momentan noch nicht der richtige Zeitpunkt für den Club der Töchter. Meine Mutter trauert noch. Ich bin selbstständig und arbeite zu völlig verrückten Zeiten. Meine Mutter und ich haben uns ein schlechtes Miteinander angewöhnt, und ich habe keine Ahnung, wie ich das ändern könnte. Ich will sie nicht noch mehr enttäuschen, aber ich möchte auch nicht länger von ihr enttäuscht werden.

Gedanken zur enttäuschenden Tochter

Róisín

Ohne die enttäuschende Tochter wäre wohl keine Runde zum Thema Mutter-Tochter-Beziehungen komplett. Schon Parallelen gefunden? Bei mir gibt es einige. Obwohl ich nicht glaube, dass meine Mutter von mir enttäuscht ist, habe ich gelegentlich das Gefühl, sie enttäuscht zu haben. Besonders stark äußert sich dieses Gefühl bei folgenden Themen:

Ich habe meine Finanzen nicht im Griff – und das im Alter von zweiundvierzig Jahren. Meine Mutter ist für mich immer noch so was wie die nächst gelegene Bankfiliale. Als ich vor ein paar Tagen meine EC-Karte verlor, lieh ich mir ihre. »Das ist aber das letzte Mal«, sagte sie. Ich lachte. Den Spruch kannte ich schon. Ich frage mich allerdings, ob sie mir tatsächlich eines Tages zum letzten Mal aus der Patsche helfen würde.

Ich habe immer noch meine Probleme mit dem Essen (zu viel) und mit dem Sport (zu wenig). Meine Mutter hat viel Verständnis für mich, mehr als andere, denn sie kennt die Hintergründe. Aber ich würde dieses Problem gern lösen, damit sie sich nicht mehr so viele Sorgen um mich machen muss.

Ich verlasse mich zu sehr auf sie. Sie hat zwar nichts dagegen, dass ich sie zu allem um ihre Meinung frage, sie um Gefallen bitte und mir bei ihr meinen Kummer von der Seele rede, aber ich weiß, dass sie Angst hat, ich könnte nach ihrem Tod völlig hilflos zurückbleiben.

Und sie liegt damit richtig. Wenn sie nicht mehr da ist, bin ich verloren. Das gebe ich zu, obwohl ich eine erwachsene Frau bin. Als ich jünger war, habe ich ihr noch mehr Sorgen bereitet. Obwohl ich es für normal halte, dass Teenager ihre Eltern ein bisschen enttäuschen – das gehört fast schon dazu.

Wir bringen unsere Kinder auf die Welt, ernähren sie, ziehen sie groß, tun, was am besten für sie ist, und lieben sie mit jeder Faser unseres Herzens – und dann kommt die Pubertät und ersetzt das geliebte Kind durch ein dauerwütendes Ungeheuer, das sich die Haare weiß färbt (ich stand auf Billy Idol) und tagsüber Schlafanzug trägt (und auf Morrissey).

In einer Familie mit acht Kindern war ich das schwarze Schaf. Fast meine gesamte Teenagerzeit über setzte ich alles daran, mich vor der Schule zu drücken. Ich verfügte über ein breites Repertoire an kurzfristig einsetzbaren Leiden, von Bauchschmerzen bis Kopfweh, die ich mit oscarreifer Brillanz vorspielen konnte. Ich war Morgenmuffel, die Welt ungerecht.

Auch die Schule war ungerecht, denn der Unterricht fing viel zu früh an. Besser wäre es so gegen Mittag gewesen. Wir waren doch keine Maschinen!

Aber mit dieser Ansicht stand ich allein auf weiter Flur, deshalb verlagerte ich mich darauf, krank zu spielen. Mit meiner Jugendzeit verbinde ich also das grausame Gefühl, das sich einstellt, wenn einem jemand ruckartig die Bettdecke wegzieht.

Obwohl ich mich ansonsten nicht mehr an Einzelheiten erinnere, weiß ich, dass ich als Jugendliche auf Krawall aus war.

Aber als ich neulich meine Mutter fragte: »Wie war ich als Teenager?«, erwiderte sie: »Ach, ich behalte doch nicht alles im Kopf.« Sie hat es wahrscheinlich verdrängt. Ich bohrte nach. »Wie war ich? An was erinnerst du dich?«

Nach kurzem Nachdenken fiel ihr dann doch was ein. »Ich weiß noch, wie besorgt ich war, als du weggelaufen bist und bei diesem Jungen im Gartenschuppen übernachtet hast.« Und dann ging es los, eine Anekdote jagte die nächste.

Damals habe ich meine Mutter sicherlich enttäuscht, aber sie empfindet es – zumindest rückblickend– nicht so, womit sie mir eine Art Absolution erteilt. Die Chance, noch mal von vorn zu beginnen. Das brauchen wir von unseren Müttern. Wenn das nicht gelingt, wenn die Missbilligung nie aufhört, kann das eine Beziehung zerstören.

7

Hausaufgaben ...

Róisín

In der Schule habe ich selten Hausaufgaben gemacht, daher war mir klar, dass ich mit diesem Teil der »Club-Auflagen« Probleme haben würde. Aber ohne Hausaufgaben waren unsere Treffen nichts weiter als Plauderrunden. Es bedurfte eines konkreten Plans, und die Tatsache, dass wir bestimmte Arbeiten zu erledigen hätten, gab der ganzen Sache eine Richtung.

Am Anfang arbeiteten wir eine Liste von Vorschlägen für mögliche Unternehmungen mit unseren Müttern ab: Kurz-reisen, Geduldsübungen, Verabredungen zum Mittagessen. Aber kaum hatten wir die Liste durch, vergaßen wir sie wie-der. Wie unsere Mütter wissen, haben wir Töchter im Alltag wenig Zeit. Aber Natasha und ich sorgten dafür, uns und die Töchter im Abstand von einigen Monaten immer wieder an die Verpflichtungen zu erinnern, die wir bei unserem ersten Treffen für alle Mitglieder formuliert hatten.

Jeden Monat trafen wir Club-Mitglieder uns auch wei-terhin zum Essen und sprachen über unsere Fortschritte.

Zwischen den Treffen ermunterten wir uns per E-Mail und SMS, unser Ziel nicht aus den Augen zu verlieren.

Offen gestanden wusste keine von uns, was uns erwarten würde. Wir hatten einen Club gegründet und wussten aus Erfahrung, dass irgendwann mindestens ein Mitglied aussteigen würde. Vielleicht würde das ganze Projekt ja sogar unter dem Gewicht der vielen Vorsätze zusammenbrechen. Es gab also einige Widrigkeiten zu bedenken. Manche Töchter hatten mit schwierigen Umständen zu kämpfen, und wir waren nicht dafür ausgebildet, sie aufzufangen, wenn die Sache aus dem Ruder liefe.

Uns blieb nichts als die Hoffnung, mit unserer Gruppe eine Art Rettungsanker für Töchter zu sein, die sich in ihrer Mutterbeziehung allein auf hoher See befanden. Doch uns war klar, dass wir es mit einem potenziell explosiven sozialen Experiment zu tun hatten. Es hätte viel passieren können. Was wirklich geschah, steht im folgenden Kapitel.

... für die Tochter, die nie Zeit hat

Maeve hatte uns geschrieben, weil sie sich versteckte, wenn ihre Mutter mal wieder unangekündigt mit Eingemachtem vor der Tür stand. Sie wünschte sich eine innigere Beziehung zu ihr und wollte sie mehr an ihrem Leben teilhaben lassen. So ging es für Maeve weiter:

Es gibt einen Grund dafür, dass ich nie mit meiner Mutter verreise, und als ich in der Schlange vor den Check-in-Schaltern stehe, fällt er mir wieder ein. Sie hat sich bereits geweigert, das Gepäck am Check-in-Automaten aufzugeben. »Den Dingern traue ich nicht. Ich gebe meinen Koffer lieber einem Menschen als einem Computer«, sagt sie. Ich will ihr gerade die Vorteile des automatisierten Eincheckens erläutern, beiße mir aber noch rechtzeitig auf die Zunge. Das tue ich in letzter Zeit häufig. Wenn es eines gibt, was ich im Club der Töchter gelernt habe, dann ist es diese Art der Zurückhaltung in Gesellschaft meiner Mutter. Das war nicht immer leicht. Am Anfang rutschte mir doch manchmal eine kritische Bemerkung raus. »Ach Mama, bring mir doch nicht so viele Gurken ...«, aber mit der Zeit lernte ich, solche negativen Satzanfänge nicht weiter auszuformulieren. Ein »Ach Mama« ohne negativen Nachsatz klingt doch gleich viel besser.

Eines kann ich auf jeden Fall festhalten: Seit meinem ersten Treffen mit den Töchtern gehe ich achtsamer mit meiner Mutter um. Obwohl wir uns im Club der Töchter nur unterhalten und sonst nichts weiter geschieht, scheinen diese regelmäßigen, ernsthaften Gespräche über unsere Mütter einen Einfluss auf unser Verhalten zu haben. Zumindest war es bei mir so. Allerdings liegt die Schuld in meinem Fall auch bei den Hormonen. Ich bin nämlich im sechsten Monat schwanger.

Dass ich ein Kind erwarte, wusste ich schon bei unserem ersten Treffen, deshalb trank ich auch keinen Wein. Als ich den anderen davon erzählte, waren sie gespannt, wie meine Schwangerschaft sich auf das Verhältnis zu meiner Mutter auswirken würde.

Ich spielte die Sache etwas herunter. Hatte ja selbst keine Ahnung, wie es werden würde. Vielleicht würde meine Mutter mit mir nur noch über das Baby sprechen und mir lauter Ratschläge erteilen wollen. Am Ende stellte sich heraus, dass die anderen mit ihren Vermutungen völlig richtiggelegen hatten: Das Verhältnis zu meiner Mutter hat sich dadurch tatsächlich verändert – wir sind einander nähergekommen. Dass ich meine Zunge jetzt öfter im Zaum halte, hat allerdings auch nicht unerheblich dazu beigetragen.

Ich stehe also in der Schlange vor den Gepäckschaltern. Zum siebten Mal fragt sie mich, ob wir den Flieger überhaupt noch schaffen. Sie macht sich Sorgen, dass ihr Bordgepäck zu groß sein könnte, und fragt sich laut, ob die Flaschen in ihrer Handtasche statt der angegebenen fünfzig Milliliter nicht vielleicht doch mehr enthalten. »Drei Tage und drei Nächte«, denke ich, »wie soll ich das nur durchstehen?« Aber vor unserer Abreise habe ich mit mir selbst einen Vertrag abgeschlossen: Ich werde auf dieser Reise mit meiner Mutter mein Bestes geben! Und hinterher würde ich den anderen alles brühwarm berichten, was mich außerdem bei der Stange hielt. Ohne diesen Vorsatz hätte ich ihr zu diesem Zeitpunkt schon zigmal geraten, sie solle sich mal entspannen, woraufhin sie sich nicht mehr getraut hätte, den Mund aufzumachen. Allein durch mein Schweigen verlief diese Reise also schon mal besser als alle früheren gemeinsamen Unternehmungen.

Die Idee zu dieser Reise kam mir am Muttertag. Zu diesem Anlass hatte ich meine Mutter zum Essen in ein französisches Restaurant eingeladen, denn ich verwöhne sie gern und wollte den anderen Frauen von meinen Fortschritten berichten können. Seit meiner Schwangerschaft hatte ich das Gefühl, meine Mutter bemühe sich um einen engeren Kontakt zu mir. Außerdem stritten wir uns nicht mehr so leicht. Vermutlich hatte meine Mutter lange die Befürchtung gehegt, ich könnte vor lauter Beruf das Kinderkriegen vergessen. Doch ihre Versuche, das Thema zur Sprache zu bringen, hatte ich stets abgeblockt. Jetzt konnte meine Mutter sich entspannen – ich konnte sie förmlich erleichtert seufzen hören –, und unsere Beziehung war nicht mehr so belastet.

Wir saßen stundenlang im Restaurant und unterhielten uns. Mein Bruder und seine Frau waren während der Renovierung ihres Hauses vorübergehend bei meiner Mutter eingezogen. Zum ersten Mal sei ihr aufgefallen, wie sehr sie ihre Privatsphäre schätze. Mein Bruder habe immer noch dieselben schlechten Angewohnheiten wie früher, scherzte sie, und sie müsse sich zusammenreißen, ihn nicht ständig zu ermahnen. Seine Frau finde das allerdings gar nicht witzig. Ich war froh, dass mein Bruder und seine Frau doch nicht mitgekommen waren. Mit meiner Mutter komme ich besser aus, wenn ich mit ihr allein bin. In Gesellschaft und vor allem im Kreise der Familie regen mich ihre Marotten besonders auf. Sie meint es ja gut, aber gelegentlich geht sie mir auf den Keks.

Meine Mutter kann die Ankunft ihres Enkelkinds kaum erwarten. Manchmal glaube ich, sie ist noch ungeduldiger als ich. Im Gegensatz zu früher bin ich nicht mehr ständig in Habachtstellung, wenn ich mit ihr rede. Stattdessen lasse ich sie reden, auch wenn sie sich mit wachsender Begeisterung darüber auslässt, welche Strampler sie dem Kind stricken und welches Bettchen sie ihm kaufen will. Es rührt mich, dass sie so viel Anteil nimmt. Ich habe gemerkt, wie glücklich ich mich schätzen kann.

Bei unserem Muttertagsessen waren wir beide guter Dinge. Ich schenkte ihr eine Gesichtscreme, über die sie sich dermaßen freute, dass ich ganz gerührt war (was wahrscheinlich an den Hormonen lag). Als sie sich dann noch mit einer SMS für das Geschenk bedankte, lud ich sie zu einer gemeinsamen Reise nach Portugal ein. Dieser Punkt stand ganz oben auf meiner To-do-Liste.

Wir erreichten Portugal ohne Streit – eine reife Leistung. Das Hotel war perfekt. Wir aßen Fisch in einem Restaurant am Strand, und sie genoss ihren Wein. Ich wusste, wie wichtig es für sie war, mal rauszukommen. In der angenehmen Atmosphäre dieses Abends fiel es mir leicht, das Gespräch auf ein für mich wichtiges Thema zu lenken: Meine Mutter opferte sich zu sehr für andere auf und dachte dabei nie an sich. War sie glücklich? Und wenn ja, warum? Ich hatte immer das Gefühl, meine Mutter müsse sich nur mehr engagieren, Zeitung lesen, Kurse belegen, sich weiterbilden, um Erfüllung im Leben zu finden. Doch lag ich mit dieser Einschätzung überhaupt richtig?

Ihre Antwort überraschte mich. Meine Mutter sagte, sie sei glücklich. Das Glück ihrer Kinder beschere ihr große Freude, denn sie habe damit ihre Lebensaufgabe erfüllt. Mehr brauche sie nicht.

Sie weiß, dass ich eine ehrgeizige Person bin. Ich muss mir ständig neue Ziele setzen. Aber nach unserem Gespräch an jenem Abend entdeckte ich etwas Tröstliches: Meine Mutter ist mit kleinen Dingen zufrieden. Meine Vorstellungen von dem, was sie glücklich machen würde, haben nichts mit ihrer Wirklichkeit zu tun. Ich gestand ihr, dass ich mir oft Sorgen um sie mache, weil sie so nervös und wenig belastbar sei. Ich sprach über ihre Art, immer alles negativ zu sehen, und ihre Unsicherheit, die ich mit ihr gemeinsam habe. »So würde ich mich überhaupt nicht beschreiben«, sagte sie mit konzentriertem Blick aufs Meer. »Ich bin glücklich und fühle mich wohl in meiner Haut.«

Dann unterhielten wir uns über meinen Vater. Das Thema war besonders schwierig, aber unser Gespräch war so entspannt, dass ich mich sogar traute, den großen Altersunterschied zwischen den beiden anzusprechen und sie zu fragen, ob er die richtige Wahl gewesen sei, denn sie sei eigentlich von Anfang an alleinerziehend gewesen. Ihre Antwort erstaunte mich erneut: »Ich bereue es nicht, deinen Vater geliebt zu haben«, sagte sie. Sie erzählte mir ein paar Dinge über ihn, wie er war, als sie sich in ihn verliebte, dass er sie zum Lachen brachte und kleine Dinge an ihr bemerkte, die sonst niemandem auffielen. Sein früher Tod sei bedauerlich, denn mir hätte vermutlich vieles an ihm gefallen. In gewisser Hinsicht sei ich genau wie er. Das hatte sie mir noch nie gesagt!

Wir verbrachten einige wunderbare Tage miteinander. Selbstverständlich verlief nicht immer alles ohne Anspannung. Immer wieder bot sie mir für die Zeit nach der Geburt finanzielle Unterstützung an, aber ich wollte kein Geld von ihr, also versuchte ich, ihr Angebot so diplomatisch wie möglich abzulehnen. Wenn wir am Pool oder am Strand lagen, erkundigte sie sich zigmal, ob meine Liegeposition dem Baby nicht vielleicht schaden könne. Aber irgendwie schafften wir es, darüber zu lachen. Ich sagte: »Mum, du musst wirklich damit aufhören.« Und sie reagierte nicht beleidigt. Dieser Urlaub war wie ein kleines Wunder, vor allem, weil mich in ein paar Monaten auch jemand »Mum« nennen wird. Ich erkannte in meiner Mutter einige Eigenschaften, die auch ich in mir trage, die leichte Überspanntheit, der Perfektionismus. An meiner Mutter kann ich sehen, wie ich später sein werde, dachte ich. Und das fand ich gar nicht so schlimm.

Brief der Tochter, die nie Zeit hat

Liebe Mum,
das hier kommt mir komisch vor, weil ich dir außer aus dem Urlaub noch nie einen Brief geschrieben habe.
Ich bin froh, dass ich in letzter Zeit achtsamer mit unserer Beziehung umgegangen bin. Zum einen habe ich mir mehr Mühe gegeben, mich öfter mit dir zu treffen und dich besser kennenzulernen. Aber es war mir auch wichtig, gründlich über unser Verhältnis nachzudenken, und mir darüber klar zu werden, was es mir bedeutet, damit ich es besser wertschätzen kann.
Wir standen uns immer nah und haben regelmäßig Kontakt zueinander. Wahrscheinlich habe ich das einfach als selbstverständlich hingenommen. Auch, dass du immer für mich da gewesen bist. Aber ich weiß, dass es irgendwann nicht mehr so sein wird. Diese Vorstellung ist sehr schwierig für mich.
Ich bin gern mit dir zusammen und mag deine Lebenseinstellung, deine Lebendigkeit. Es macht mir Freude, dich zum Lachen zu bringen. Wenn ich dich kritisiere, liegt das oft nicht an dir, sondern daran, dass ich so ein ungeduldiger Mensch bin.
Bei Fremden zügle ich mich, aber diejenigen, die man am meisten liebt, bekommen unsere Schwächen vermutlich am

deutlichsten zu spüren. Wir sind uns in vielen Dingen so
ähnlich und kennen einander sehr gut. Doch manches habe
ich dir bewusst nicht erzählt, wie du es wahrscheinlich auch
getan hast, vor allem, was die Vergangenheit betrifft. Das ist
wohl auch gut so.

Du bist eine wunderbare Mutter. Selbstlos, freigiebig und
voll bedingungsloser Liebe. Manchmal überwältigt mich das
und löst bei mir den Wunsch aus, dich zu beschützen. Ich
möchte dafür sorgen, dass du alles vom Leben bekommst,
was du dir wünschst und dir für mich gewünscht hast:
Glück, Zufriedenheit, Erfolg, Respekt und Liebe.

Hoffentlich macht dich dein Leben trotz deiner Probleme und
schlimmen Erfahrungen glücklich, und du fühlst dich geliebt,
erfüllt und für deine vielen Opfer belohnt. Ich hoffe auch,
dass du auf mich stolz sein kannst. Wenn ich als Mutter
nur halb so gut sein kann wie du, bin ich zufrieden.

In Liebe,
deine Tochter Maeve

... für die Tochter der Depression

Sophie berichtete uns von ihrer Mutter, die ihr Leben lang unter einer psychischen Krankheit litt. Sie wünschte sich mehr besondere Momente. So ging es für Sophie weiter:

Meine Mutter schwimmt gerne, aber nur im Meer. Unweit von meinem Elternhaus gibt es einen steinigen, verschlungenen Pfad, der zu einer kleinen Badebucht hinabführt. Ich kann mich noch erinnern, dass sie in meiner Kindheit manchmal um fünf Uhr morgens in Badesachen vor meinem Bett stand, sagte, ich solle meinen Badeanzug anziehen, und mich im Halbschlaf hinunter ans Meer schleppte. Egal bei welchem Wetter oder Wellengang, sie war nicht davon abzubringen. Ich stand zitternd vor Angst am Strand und wollte partout nicht ins Wasser. Ganz schön waghalsig, denke ich heute. Aber damals wusste ich es nicht besser.

Das Schwimmen im Meer mache sie munter, lautete ihre Erklärung. »Das Salz ist gut für die Knochen.« Die Angst vor Chlor war noch so ein Spleen von ihr. Chlor sei giftig, befand sie, deshalb ging sie mit mir auch nie ins Freibad, wo meine Freundinnen mit ihren Eltern waren und normale Familiensachen machten. Im Nachhinein bin ich ihr dankbar, weil das Baden im Meer mir heute, als Erwachsene, eine genauso große Wohltat ist. Ebenso wie meine Mutter halte auch ich mich mittlerweile nicht mehr gern in Freibädern auf. Wie die Mutter, so die Tochter. Zumindest in dieser einen Sache sind wir uns sehr ähnlich.

Seit ich dem Club der Töchter beigetreten bin, suche ich verstärkt nach gemeinsamen Momenten mit meiner Mutter, die frei sind von schlechten Gefühlen und Zorn über das, was mir nie vergönnt war. Ein solcher Moment wurde möglich, als mir im Gespräch mit meiner Tochter einfiel, wie gern meine Mutter früher in Salzwasser badete. An einem Freitagnachmittag rief ich sie an.

Sie freut sich aufrichtig darüber, dass ich mich melde, was mich irgendwie rührt. »Ich habe gehofft, du würdest mich hier rausholen«, erklärt sie. Mit »hier« meint sie das Haus, aber es klingt, als spräche sie vom Gefängnis. Das Leben mit meinem Vater, der mittlerweile wieder mit ihr zusammenlebt, ist anstrengend, und ich spüre, dass sie dringend eine Abwechslung braucht. Ihr ganzes Leben ist so verlaufen: Sie fühlt sich gefangen, will ausbrechen, schafft es aber nicht. Wie ein Vogel im Käfig. Die Tür steht offen, aber ihr fehlt die Kraft, hinauszufliegen. Ich habe das schon vor einiger Zeit akzeptiert, doch es macht mich immer noch traurig.

»Hast du vielleicht Lust, mit mir schwimmen zu gehen?«

»Schwimmen? Tja ... also ... weiß nicht ... meinst du, ich kriege das noch hin? Weißt du, wo meine weiße Badekappe ist?«

So was Ähnliches habe ich erwartet. Unsicheres Gemurmel, Selbstzweifel, Misstrauen. Ich unterdrücke meinen Ärger. »Na klar, lass uns schwimmen gehen. Ich habe meine Tasche schon gepackt«, lüge ich. »Den Badeanzug habe ich ins Handtuch gerollt. Weißt du noch, das haben wir früher auch immer so gemacht? In zwanzig Minuten kann ich dich abholen. Wo ist dein schwarzer Badeanzug? Und das große Handtuch mit dem Blumenmuster? Los, pack alles ein. Ich komme.«

»Warum eigentlich nicht?«, sagt sie. Ich lege auf, bevor sie sich eine Ausrede überlegen kann. Rasch schnappe ich mir die Sachen und fahre los. Die ganze Zeit frage ich mich, ob sie wirklich mitkommen wird.

Als ich mich dem Haus nähere, überkommt mich wieder

diese Unruhe. Das passiert mir bei meinen Eltern öfter, denn sie sind unberechenbar. Ich weiß nie, was mich erwartet. Auf keinen von beiden kann ich mich verlassen. Die Erkenntnis, dass die meisten anderen Frauen im Club der Töchter ihre Mütter offenbar von Herzen lieben, wühlte mich nach unserem ersten Treffen ziemlich auf.

Oft machte mich der Gedanke an meine Mutter nach unseren Treffen sehr traurig. Schuldgefühle und Scham lasteten schwer auf mir. Zuerst wurde ich das Gefühl nicht los, sie irgendwie zu hintergehen, wenn ich ihre Geschichte vor den anderen ausplauderte. Aber nach einigen Monaten stellte ich fest, dass ich meiner Mutter durch die intensive Auseinandersetzung mit ihr mit mehr Respekt begegnete. Mit diesem positiven Aspekt im Hinterkopf fiel es mir leichter, an den Treffen teilzunehmen. Langsam gelang es mir sogar, sie so anzunehmen, wie sie war. Dadurch durchbrach ich einen Teufelskreis, befreite mich von der Vergangenheit und wurde freier für eine aufrichtige Beziehung zu meiner Mutter und zu meiner Tochter.

Zwanzig Minuten später stehe ich vor meinem Elternhaus. Vor dem Klingeln muss ich mir erst mal Mut machen. Durch die Scheibe sehe ich meine Mutter schon auf mich warten. Sie öffnet sofort und steht fix und fertig vor mir, eine löchrige Supermarkttüte in der Hand und ihre alte Badekappe auf dem Kopf, so eine mit Noppenstruktur und Gummiband unterm Kinn. Beim Anblick ihrer an der Kehle zusammengedrückten Haut schnürt es mir das Herz zu. Vor Liebe? Ich glaube, so ein Gefühl hat zwischen uns nie existiert. Aber als ich sie ins Auto bugsiere, wird mir klar, dass ich sie immer noch beschützen will, egal, was zwischen uns auch geschehen sein mag. Dieses Gefühl bietet mir Halt: Sie ist mir wichtig, und deshalb will ich sie vor Schlechtem bewahren.

Nach ihrem letzten Zusammenbruch kümmerte sich zunächst meine Schwester um sie. Dafür war sie extra aus Amerika eingeflogen. Die Beziehung zwischen meiner Mutter und meiner Schwester Stacy ist weniger belastet, denn die schlimmsten Phasen ihrer Krankheit hat Stacy gar nicht miterlebt. Sie weiß nichts von den Erlebnissen, die mich so tief verletzt haben. Deswegen hat es ihr nichts ausgemacht, sich eine Zeit lang um Mum zu kümmern, und mir passte es ohnehin gut. Doch jetzt ist meine Schwester wieder in Amerika bei ihrem Mann und ihren Kindern – zu weit von Irland entfernt, um Schuldgefühle zu haben.

Ich parke den Wagen im Gras in unmittelbarer Nähe zum Trampelpfad, der an den Strand führt. Zuerst will sie nicht aussteigen, sitzt einfach da und starrt aufs Meer, wo einige Kreuzfahrtschiffe die Bucht durchqueren.

Meine Mutter findet keinen Frieden. Die vielen ungesagten Worte erzeugen eine unerträgliche Spannung zwischen uns. Als ich ihrem Blick übers Meer folge, spüre ich eine Distanz zu ihren irrlichternden Signalen und ihrem inneren Lärm. Bei den Treffen hatte ich davon gesprochen, dass Vergebung eine bewusste Entscheidung sei. Teil dieser Entscheidung ist es, die Verhältnisse zu akzeptieren, wie sie sind. Ich kann meine Mutter nicht ändern.

So stehen die Dinge zwischen mir und meiner Mutter: Sie ist eine alte hilfsbedürftige Frau, gebrechlich und betagt. Ich kann mich entschließen, mich von der Last zu befreien, und meinen Zorn über ihre Unfähigkeit als Mutter verrauchen lassen. Ich kann alles hinter mir lassen. Jahrelang habe ich damit verbracht, die Schritte dieses Abschiedstanzes zu lernen, und mittlerweile beherrsche ich sie ohne nachzudenken. Für andere ist diese Entscheidung vielleicht keine große Leistung. Für mich schon. Ein wichtiger Schritt nach vorn. Ich löse mich von ihr, aber mit Liebe.

Schließlich steigt meine Mutter doch aus. Ihr letzter Zusammenbruch hat sie sehr geschwächt, also stütze ich sie am Ellbogen und spüre dabei ihre Knochen, die schlaffe Haut. Sie ist so dünn geworden, erinnert mich an ein hilfloses Vögelchen. Noch während wir so hinunter ans Meer laufen, kommt mir der Gedanke, dass alles doch gar nicht so schlimm ist. Ich kann immer wieder mit ihr herkommen. Wir legen die Kleidung ab und gehen ins Wasser. Es ist eiskalt, die fahle Sonne spendet keine Wärme. Ihr Badeanzug hängt an ihr herab. Ich frage mich, wann sie ihn wohl das letzte Mal getragen hat.

Meine Schwester Deborah sagte neulich etwas Kluges: »Wir müssen das, was wir von unserer Familie oder von unseren Eltern nicht bekommen haben, aber bekommen haben sollten, an anderer Stelle finden.«

Ich gehe jetzt zu einer Frau, man kann sie wohl Therapeutin nennen, aber sie ist viel mehr als das. Sie ist über sechzig, also fast zwanzig Jahre älter als ich. Diese Frau könnte meine Mutter sein. Ich bezahle sie dafür, dass sie mir zuhört, sie leistet einen professionellen Dienst. Und dennoch vermitteln mir unsere Begegnungen einen Eindruck davon, wie es mit meiner Mutter unter anderen Umständen hatte sein können. Mit meiner Therapeutin spreche ich über meine Beziehung, meine Tochter oder Probleme mit dem Job. Sie hat stets einen klugen Rat für mich. Meine Mutter hatte das nie. Dazu war sie einfach nicht in der Lage. Mir ist schon klar, dass Bezahlung eine Beziehung verändert, und ich erwarte auch nicht zu viel davon. Aber Deborah hatte recht. Man muss sich woanders holen, was man von der Familie nicht bekommen hat.

Ich hatte mir als Hausaufgabe vorgenommen, mich auf schöne Momente mit meiner Mutter zu konzentrieren. Augenblicke der Nähe. Doch ich finde keine, so sehr ich mich auch bemühe. Bin ich undankbar? Ist es nicht schon ein Wunder, dass sie mich auf die Welt gebracht hat? Kann man mehr für eine andere Person tun? Wenn ich jetzt darüber nachdenke, fällt mir etwas ein. Ich bin mal beim Schuleschwänzen erwischt worden. Am nächsten Tag schimpften die Lehrer mit mir, einige Schüler zeigten mit dem Finger auf mich, aber meine Mutter meinte nur: »Mach dir nichts draus, es ist egal, was die von dir denken.« Außerdem war sie immer zur Stelle, wenn wir jemanden brauchten, der uns zu einer Party oder sonstigen Vergnügungen bringen konnte. Sie hat mir ein paar Monate die Miete gezahlt, als ich knapp bei Kasse war. Sie hat getan, was sie konnte. Ich bin froh, dass mir das eingefallen ist. Das sind liebevolle Zuwendungen, die ich einfach verdrängt hatte.

Seit ich dem Club der Töchter angehöre, krame ich öfter alte Fotos hervor, um mir die Vergangenheit ins Gedächtnis zu rufen. Eine Aufnahme hat mich überrascht. Wir sind irgendwo auf dem Land, und ich halte die Hand meiner Mutter. Auf dem Bild trägt sie ein Jeanskleid und sieht richtig hübsch aus. Zu dem Zeitpunkt muss ich so um die sechs Jahre alt gewesen sein. Bei diesem Anblick kommen mir die Tränen. Manchmal habe ich bei ihr offenbar doch etwas Trost gefunden. Es muss Zeiten gegeben haben, in denen sie sich nach bestem Wissen bemüht hat, mich zu lieben.

Meine Mutter schwimmt weiter aufs Meer hinaus als mir recht ist. Für eine so gebrechliche, vom Leben gebeutelte Person entwickelt sie im Wasser unglaubliche Kräfte. Ich bleibe nah am Ufer und lasse mich treiben, denn ich will ihr Freiraum lassen. Sie scheint in einer eigenen Welt zu sein. Als sie zurückkehrt, trägt sie zwar kein Lächeln auf den Lippen, aber sie sieht zufrieden aus.

»Salzwasser macht munter. Wollen wir gehen, Soph?«, sagt sie leise beim Abtrocknen. Ich zucke zusammen. Sie nennt mich selten beim Vornamen, und Soph nennt sie mich nie. Das tun nur meine Freunde. Als wir zum Auto zurückgehen, dreht sie sich zu mir um. »Ich möchte dir danken«, sagt sie. Ich bleibe stehen und tue so, als wäre das völlig normal. »Danke dafür, dass du dich so rührend um mich gekümmert hast, als ich krank war. Das war lieb von dir.«

Dieser Augenblick war etwas Besonderes. Seit ich mich liebevoll von ihr löse, habe ich eine Art Mitgefühl entwickelt. Ich möchte, dass sie glücklich ist, obwohl ich weiß, dass sie das nie so richtig sein wird. Lange Zeit war ich eine schlechte Tochter, denn wir hatten einfach keine Beziehung zueinander. Das hat sich geändert. Ich möchte, dass wir beide zur Ruhe kommen können.

Ich blicke nach vorn und freue mich auf sanftere, leichtere Zeiten, in denen wir gemeinsame Dinge unternehmen wie an jenem Tag am Strand. Vielleicht können wir auf diese Weise miteinander Frieden schließen.

Brief der Tochter der Depression

Liebe Mum,

es fällt mir schwer, diese Zeilen zu schreiben, weil ich mir meiner Gefühle nicht sicher bin und auch nicht weiß, wie ich unsere Beziehung einschätzen soll. Wahrscheinlich möchte ich dir vor allem schreiben, wie traurig ich es finde, dass wir nie eine Beziehung zueinander aufgebaut haben. Wir standen uns nie nahe, und ehrlich gesagt ist mir schon früh klar gewesen, dass ich bei dir weder Trost noch Rat finden würde.

Du bist eine gute, liebevolle Person, aber die Mutterrolle hat dich einfach überfordert – vielleicht lag das an dem ganzen Chaos deiner Ehe und deiner Depression. Erst jetzt, da ich selbst eine Tochter habe, wird mir bewusst, was mir damals gefehlt hat, und dieser Verlust ist dadurch umso schmerzlicher. Doch gleichzeitig empfinde ich Mitgefühl für dich wegen dem, was du durchmachst.

Ich bin immer noch verletzt, leide und trauere um das, was wie nie hatten.

Mittlerweile weiß ich, auch dank intensiver Therapiearbeit, dass ich mich mit Liebe von dir lösen muss, um mit der Vergangenheit ins Reine zu kommen. Sicher hast du immer dein Bestes gegeben, aber es war einfach nicht genug. Kinder brauchen mehr Sicherheit und Geborgenheit.

Jetzt, wo du fast achtzig und krank bist, möchte ich dir helfen und hoffe, dass du meine Zuwendung ohne Misstrauen annehmen kannst. Vielleicht kannst du ja einfach akzeptieren, dass du mir wichtig bist. Ich wünsche mir, dass du vor deinem Tod noch ein wenig Frieden und Glück erleben kannst.

In Liebe,
Sophie

... für die Tochter, die wie ihre Mutter wird

Cathy schrieb uns, weil sie Angst hatte, wie ihre Mutter zu werden. Im Umgang mit ihrer Mutter wollte sie geduldiger sein und ihr keine Vorschriften mehr machen. So ging es für Cathy weiter:

Wenn es ein Schlüsselwort gibt, das ausdrückt, was sich seit meiner aktiven Arbeit an der Beziehung zu meiner Mutter verändert oder verbessert hat, dann ist es »Kommunikation«. Unsere Familie war eigentlich immer kommunikativ, aber seit ich dem Club der Töchter angehöre, achte ich besonders darauf, wie ich mit meiner Mutter spreche, wie ich ihr zuhöre und welche Untertöne ich bei ihr heraushören kann.

Telefonate sind ein besonders gutes Beispiel dafür. Ich bin es von Kindesbeinen an gewohnt, mich am Telefon kurzzufassen, um die Leitung nicht zu lange zu blockieren.

Diese unausgesprochene Regel habe ich ins Erwachsenenleben übernommen und bis vor Kurzem ohne Nachdenken umgesetzt, vor allem, wenn ich mit meiner Mutter telefonierte. Unsere Gespräche waren knapp, es ging lediglich darum, die wichtigsten Informationen auszutauschen. Teil meiner Hausaufgaben als Tochter war es, meiner Mutter geduldiger zuzuhören. Das Resultat überraschte mich.

Während dieser neuerdings ausgiebigen Telefonate mit meiner Mutter stellte ich fest, dass sie schlecht hört. Gelegentlich musste ich sie sogar anschreien. Dennoch ließen wir kein Thema aus. Sie fühle sich alt, gestand sie mir. Sie mache sich Sorgen um ihre Freundin, deren Kinder sie in ein Heim stecken wollten. Früher hätte ich meiner Mutter in solchen Situationen umgehend kluge Ratschläge erteilt, mich getreu der alten Familientradition eingemischt und ihr

171

vorzuschreiben versucht, was sie zu tun habe. Aber heute halte ich mich zurück, denn ich weiß, sie will sich eigentlich nur bei mir aussprechen und erwartet gar nicht, dass ich ihre Probleme löse.

Jeden Freitag griff ich also zum Hörer und nahm mir eine Stunde für sie Zeit. Vor dem Telefonat rief ich mir stets ins Gedächtnis, worauf es mir ankam, nämlich ihr zuzuhören. Nur wenn sie mich explizit um Rat fragte, durfte ich meinen Senf dazugeben. Schon nach kurzer Zeit fühlte es sich ganz natürlich an. Sie redete, ich hörte zu. Es schien mir fast, als fiele eine Last von ihr ab.

Auf diese Weise lernte ich meine Mutter besser kennen. Die Wichtigkeit dieser Telefonate wurde mir erst nach und nach klar. Wenn Menschen uns nahestehen, haben wir oft den trügerischen Eindruck, sie in- und auswendig zu kennen. Wir stecken sie in eine Schublade, und damit hat es sich. Eine Entwicklung gestehen wir ihnen aber so nicht zu. Doch meine Mutter hatte sich verändert. Mit neunundsiebzig Jahren fürchtete sie sich zunehmend vor dem Älterwerden. Nachdem sie jahrzehntelang als Hausfrau und Mutter der Mittelpunkt einer turbulenten Familie gewesen war, hatte sie sich vor allem nach dem Tod meines Vaters vor fünfzehn Jahren an Einsamkeit und einen relativ eintönigen Alltag gewöhnen müssen. Indem ich ihr jeden Freitag meine Aufmerksamkeit schenkte, lernte ich sie als die Person kennen, die sie jetzt war.

»Alt werden ist grausam«, sagte sie oft. Diesen Spruch hatte ich schon zigmal von ihr gehört. Früher appellierte ich dann an ihre Vernunft und ermahnte sie, nicht so negativ zu denken. Meine damalige Reaktion war bevormundend, respektlos und wenig einfühlsam. »Was willst du denn? Mit deinen achtzig Jahren bist du doch noch gut beieinander, du triffst dich regelmäßig zum Kartenspielen und hast

Freundinnen um dich herum.« Ihre Klagen nahm ich nicht ernst. Aber jetzt höre ich zu und halte den Mund. Ich lasse sie reden.

Wenn sie jetzt über das Altern jammert, gebe ich ihr die Gelegenheit weiterzusprechen. »Die Leute nehmen einen nicht mehr ernst, Cathy«, sagt sie dann. »Es ist grässlich, wenn die Knochen bei jeder Bewegung knirschen. Manchmal habe ich das Gefühl, die Leute sehen mich nicht mehr. Alt sein ist fürchterlich. Es hat keinerlei Vorteile oder gute Seiten, egal, was andere dir weismachen wollen.«

Kommentarlos hörte ich ihr zu. Sie erzählte mir viel über ihre Freundinnen, die immer schon ein wichtiger Teil ihres Lebens gewesen waren. Jeden Freitag hatte sie eine neue Geschichte auf Lager. Offenbar hatten sie und ihre Freundinnen viel Spaß miteinander, und die anderen genossen die Gesellschaft meiner Mutter anscheinend sehr. Auch das brachte mich zum Nachdenken: Meine Mutter war bei anderen beliebt.

Meine ältere Schwester liegt im Sterben. Das wissen wir seit ein paar Monaten. Sie hat Brustkrebs im Endstadium und wird die Krankheit nicht besiegen. Wir sind erschüttert. Ich habe selbst Kinder und möchte mir nicht vorstellen, was meine Mutter durchmacht. In dieser schweren Zeit wäre ich gern für sie da.

Wenn meine Mum das Mutterschiff unserer Familie war, dann war Lorraine ihr Anker. Sie ist immer in der Nähe unserer Mutter geblieben, hat in unserer Heimatstadt studiert und ihren ersten Freund geheiratet. Die Vorstellung, dass sie zwei Teenager zurücklassen wird, finde ich unerträglich. Als Kind und sogar noch als Erwachsene war ich eifersüchtig auf die enge Beziehung zwischen Lorraine und meiner Mutter, doch jetzt bin ich traurig, dass meine Mutter ihre erstgeborene Tochter verlieren wird. Meine Schwester besaß die Gabe, meiner Mutter ganz natürlich Komplimente zu machen.

In solchen Dingen bin ich eine echte Niete. Ich komme gar nicht erst auf die Idee, meiner Mutter etwas Nettes zu sagen. Im Gegensatz zu meiner Schwester hatte ich auch nie Interesse daran, sie jeden Tag zu besuchen.

Jetzt bin ich froh darum, dass sie und Lorraine ein so inniges Verhältnis hatten. Die Gebrechlichkeit meiner Mutter fällt mir so kurz vor dem Tod meiner Schwester umso stärker auf.

»Es ist unnatürlich«, sagt sie. »Keine Mutter sollte ihre Kinder zu Grabe tragen.« Ihre Worte brechen mir das Herz.

Während unseres letzten Treffens erzählte Maeve von ihrem Urlaub mit ihrer Mutter in Portugal und davon, wie sehr sie die Zeit allein mit ihr genossen habe. Meine Mutter fährt sehr selten weg, und es würde ihr bestimmt guttun, mal rauszukommen. Nachdem ich meine Idee mit den anderen Club-Mitgliedern diskutiert hatte, stand mein Plan fest. Meine Mutter liebt mich – trotz meiner kleinen Macken, und ich liebe sie – trotz ihrer kleinen Macken. Das sollte uns also nicht daran hindern, mehr Zeit miteinander zu verbringen – ich lud sie zu uns nach Hause ein.

Vor ihrem Besuch ermahnte ich meine Kinder. »Wenn Oma hier ist, steht sie im Mittelpunkt«. Das brachte sie zum Lachen. Tamtam um meine Mutter? Das war völliges Neuland für sie. Aber in Zukunft werde ich es so handhaben. (Allerdings werde ich keine Zeit damit verschwenden, mich zu ärgern, dass ich es nicht schon früher getan habe.)

Mein Mann und ich holten sie vom Bahnhof ab. Auf dem Rückweg fuhren wir durch die Stadt, weil sie das gern hat. Sie kann zwar nicht mehr weit laufen, kommt aber immer noch gern rum. Nach unserer Ankunft ließ sie als Erstes ein paar Bemerkungen über die frisch gestrichenen Wände und unsere neue Lampe fallen, aber ich biss mir auf die Zunge. Sie meint es nicht böse, es gehört einfach zu ihren Angewohnheiten. Auch andere ihrer Eigenarten werden sich wohl nicht mehr ändern. Ihre Kommentare über Politik und Wirtschaft sind ewig gleich. Na und?, dachte ich mir. Sie liest zwei Tageszeitungen und hat ihre Meinung zum aktuellen Geschehen. Wenn ich in ihrem Alter noch so eifrig Zeitung lese und lautstark meine Meinung vertrete, kann ich stolz auf mich sein.

Es ist schon spät. Mum schläft im Zimmer gegenüber. Vor ihrem Besuch haben wir sorgfältig aufgeräumt. Auf ihrem Nachttisch stehen Blumen. Das Leselicht bleibt an, damit sie sich nachts zurechtfindet. Auf dem Schrank liegen Bücher, denn sie liest gern. Gestern früh habe ich mich ins Zimmer geschlichen und ihr beim Schlafen zugeschaut. Sie liegt leise schnarchend unter der Decke und wirkt ganz klein und unschuldig wie ein Kind. Ich liebe meine Mutter.

Morgen werde ich später aufstehen, weil sie so gern mit ihren Enkeln spielt. Lieber würde ich mich natürlich dazugesellen, aber ich gönne ihr diese Zeit allein mit den Kindern. Die erste Tageshälfte ist ihre beste Zeit.

Im Morgenmantel fühlt sie sich wohl, manchmal läuft sie stundenlang so rum. Ich habe ihr einen neuen gekauft, den sie mit nach Hause nehmen kann. Von ihren Besuchen bringt sie sich gern neue Sachen mit. Diesmal ist unser Abschied am Bahnhof anders. Sie hat sich wohlgefühlt bei uns. Ein gutes Wochenende. Ich habe mich nicht über ihre Bemerkungen aufgeregt und ihr gezeigt, dass ich sie liebe.

Zwei Wochen nach diesem Besuch starb meine Schwester. Meine Mutter folgte ihrem Sarg, Arm in Arm mit Lorraines Ehemann. In ihrem Gesicht lag eine eindrucksvolle Stärke. Ich sehe sie vor mir, wie sie jetzt, ein paar Tage nach der Beerdigung, mit der Teetasse in der Hand reglos am Fenster sitzt und hinausschaut. Stundenlang. Das ist ihre Art der Trauer, wenn sie aus dem Fenster schaut, ist sie in Gedanken bei meiner Schwester.

Das Leben geht weiter, meine Mutter bewältigt ihren Alltag und will nicht, dass ich mich um sie kümmere.

Niemand soll ihr vorschreiben, was sie zu fühlen hat. »Ich kannte Lorraine länger als ihr alle zusammen. Ich weiß genau, was ich fühle«, sagt sie.

Ich bewundere sie. Mit ihrer stillen, würdevollen Trauer ist sie uns ein Vorbild. Das sage ich ihr auch. Ich lobe sie. Dann erinnere ich sie sanft daran, dass sie Enkel hat, dass wir alle für sie da sind, dass wir sie brauchen.

Wenn ich also tatsächlich so werde wie meine Mutter, was meine älteste Tochter behauptet, nehme ich das ganze Paket.

Brief der Tochter, die wie ihre Mutter wird

Liebe Mum,
weißt du eigentlich, was für eine tolle Mutter du bist?
Ich sage dir, warum.
Du hast drei Kinder großgezogen, und wir sind ziemlich wohlgeraten. Freundlich, achtsam, höflich und verantwortungsvoll.
Als wir klein waren, hast du uns immer gebeten, einander liebevoll zu behandeln und uns nicht zu streiten. Daran haben wir uns gehalten.
Unser Heim war ein Hort der Gemütlichkeit, in dem auch unsere Freunde immer willkommen waren. Bei uns zu

Hause gab es Zeit für Gespräche, und man stieß stets auf
ein offenes Ohr. Du warst mittendrin und hast dich über
die Gesellschaft gefreut. Unsere Freunde fanden in dir eine
Freundin, Verbündete, manche sogar eine Ersatzmutter,
und sie erkundigen sich heute noch regelmäßig nach dir.
Ich kann mir nicht vorstellen, wie es dir gerade geht.
Lorraine ist tot. Als Mutter finde ich es unvorstellbar, ein
Kind zu verlieren. Deine große Tapferkeit in den letzten
Monaten ihres Lebens war uns allen ein Vorbild. Ich bin
so stolz auf dich.
Es tut mir so leid, Mum, du weißt, dass ich dir das Leid
gerne erspart hätte. Ich möchte dich nur daran erinnern,
dass du Enkel hast, die dich brauchen. Auch ich brauche
dich. Der Kreis deiner Familie ist kleiner geworden und
enger. Aber du bist immer noch der Mittelpunkt. Bleib
stark!

Deine Tochter,
Cathy

... für die Tochter des Narzissmus

Lily wurde von ihrer Adoptivmutter nicht angenommen und hielt sie für die Mutterrolle ungeeignet. Sie wünschte sich Akzeptanz und Versöhnung. Und so ging es für Lily weiter:

Friede, Freude, Eierkuchen wird es bei mir nicht geben. Das habe ich bei den Treffen des Clubs von vornherein klargestellt, vermutlich auch, um die Erwartungen niedrig zu halten. Und tatsächlich gab es für mich kein Happy End, aber allein durch das offene Gespräch hat sich etwas verändert. Ich fühle mich akzeptiert. Lange Zeit habe ich mir die Schuld dafür gegeben, dass meine Mutter mich nicht annehmen konnte. Warum bin ich so eine schlechte Tochter? Was stimmt nicht mit mir?, fragte ich mich immer wieder.

Es gibt hier nicht viel zu sagen. Meine Hausaufgaben als Tochter zu erledigen, ist so gut wie unmöglich, weil ich nicht weiß, wo meine Mutter sich aufhält. Mittlerweile habe ich zumindest eine ungefähre Ahnung, wo sie lebt. Einer Freundin meiner Mutter, die sich um ihre Angelegenheiten kümmert, ist es meiner Tante gegenüber herausgerutscht. Sie ist wohl in einer Anlage für betreutes Wohnen untergekommen. Irgendwann werde ich mir eine Liste dieser Anlagen in der Gegend machen und sie abarbeiten. Vielleicht.

Ein paarmal hat sie meine Anrufe auf dem Handy entgegengenommen. Aber nur zu bestimmten Zeiten. Ich habe gelernt, mir vorher gut zu überlegen, was ich ihr sagen will. Bestimmte Themen vermeide ich und bleibe stur bei meinem Text, egal, was sie sagt. Das hat sich bis jetzt bewährt.

Ehrlich gesagt denke ich nicht mehr so oft an sie, was ich als Fortschritt betrachte. Ich weiß, dass sie in guten Händen ist. Sie ist dort gut aufgehoben, und ich lebe weiter, als gäbe es sie gar nicht.

Meine Hausaufgaben fangen bei mir an. Ich muss den Schaden beheben, den meine Mutter über mehrere Jahre bei mir angerichtet hat. Es ist wichtig, dass ich selbstbewusster werde und meine Einstellung zu mir selbst ändere. In meinem Kopf waren meine Mutter und ich schon so miteinander verbunden, dass es lange dauerte, mich von ihr zu lösen. Dank der Hausaufgaben wird diese Trennung dauerhaft. Die Therapie, die ich begonnen habe, hilft mir ebenfalls dabei.

Natasha und Róisín wollten von mir wissen, wie es mir ginge, wenn meine Adoptivmutter morgen sterben würde. Da kommt mir nur eine Antwort in den Sinn: Ich wäre erleichtert. Das meine ich nicht böse, ich würde nicht auf ihrem Grab tanzen. Die Erleichterung würde sich einstellen, weil dann endlich dieser ganze traurige, schmerzhafte Abschnitt meines Lebens ein Ende hätte. Ich hätte endlich das Gefühl, mein Leben gehöre wieder mir allein, und ihre Handlungen und Worte hätten keine Macht mehr über mich. Weder ihre Worte noch die Lügen, die sie mir eingebläut hat. Sicher ist aber auch, dass bei ihrem Tod Tränen fließen werden.

Ich trauere schon so lange um den Verlust meiner Mutter und verstehe bis heute nicht, dass eine Frau ein Kind, das sie selbst ausgewählt hat, einfach verstoßen kann, wie sie es mit mir getan hat. Warum meine Adoptivmutter mich im Stich gelassen hat, kann ich einfach nicht nachvollziehen, und es schmerzt mich sehr.

Wenn ihre Zeit gekommen ist, werde ich mit ihrem Tod vermutlich gut klarkommen. Jahrelang habe ich Schuldgefühle gehabt, aber die habe ich jetzt abgelegt. Stattdessen habe ich Mitleid mit ihr, denn es geht ihr nicht gut. Sie tut mir sehr leid, diese Frau, die irgendwo in einem Wohnheim lebt, umgeben von Fremden, allein.

Ihr Tod wird für mich der Anlass sein, die Tür zu meiner Vergangenheit zu schließen. Ich gehöre nun zur Familie meines Mannes, dort fühle ich mich liebevoll aufgenommen. Seine Angehörigen nehmen mich so, wie ich bin. Dafür bin ich ihnen sehr dankbar.

Welchen Rat kann ich Töchtern geben, die in einer ähnlichen Situation stecken wie ich? Was will ich Töchtern von narzisstischen Müttern sagen, die wie ich von ihrer Mutter abgelehnt werden?

Vor allem: Sie trifft keine Schuld! Schuldgefühle rauben Ihnen die Lebensfreude. Wenn Sie alles versucht haben, um eine gute Tochter zu sein, dann waren Sie das auch. Es ist einfach tragisch, dass Sie nicht die Mutter hatten, die Sie verdient haben. Wenn Ihre Mutter Sie nicht liebt, Ihre Meinung und Lebensentscheidungen nicht respektieren kann, dann hat sie Sie nicht verdient.

Mir hat es geholfen, Beziehungen zu anderen Menschen aufzubauen, die mich wertschätzen, lieben und achten. Partner oder Freunde, egal. Sie haben es verdient, geliebt zu werden, denn Sie sind ein liebenswerter Mensch, auch wenn Ihre Mutter Ihnen etwas anderes einreden will.

Lernen Sie, sich selbst zu lieben. Eine gemeine Mutter kann dem Selbstbewusstsein ihres Kindes sehr schaden, aber lassen Sie das nicht zu. Nehmen Sie die Freundschaft und Liebe anderer an, denn so können Ihre Verletzungen heilen.

Es ist furchtbar, wenn man von der Mutter nicht angenommen wird. Aber die Mutter ist nicht die einzige Person in Ihrem Leben. Geben Sie ihr keine Macht. Lassen Sie nicht zu, dass sie das ruiniert, was in Ihrem Leben gut ist. Schlagen Sie ein neues Kapitel auf – oder am besten gleich ein neues Buch.

Wenn es Ihnen möglich ist und Sie es möchten, suchen Sie einen Therapeuten auf. Es hilft, sich im Beisein einer geschulten Person damit auseinanderzusetzen und seinem Zorn freien Lauf zu lassen. Alternativ können Sie sich mit anderen Töchtern zusammenschließen, gründen Sie einen Club der Töchter. Suchen Sie sich Menschen, die Ihnen zuhören, ohne Sie zu verurteilen. Mir hat das geholfen.

Brief der Tochter des Narzissmus

Mutter, es tut mir leid.

Es tut mir leid, dass ich dich als Tochter enttäuscht habe. Es tut mir leid, dass du niemandem vertraust. Schade, dass du mit deinem Leben nicht zufrieden bist und die wahre Liebe deiner Familie und Freunde nie erkennen kannst/wirst.

Es ist traurig, dass du Dad so vermisst.

Leider haben wir uns nie besser kennengelernt, und du weißt nicht, wie es sich anfühlt, aufrichtig zu sich selbst und zu anderen Menschen zu sein. Das tut mir leid. Ich bedaure, nicht früher erkannt zu haben, was mit dir nicht stimmt. Schade, dass du Menschen nur belügen und manipulieren kannst. Es tut mir leid, dass du nicht weißt, was bedingungslose Liebe ist, und du nie richtig glücklich warst.

Du konntest nie du selbst sein, es war dir nie egal, was die anderen von dir hielten. Weder mir noch deinen Schwestern verrätst du deinen Aufenthaltsort. All das tut mir leid.

Du warst nie die Mutter, die ich verdient habe, und ich bedaure es, dass unsere Beziehung nicht anders verlaufen ist.

Deine Tochter,
Lily

... für die trauernde Tochter

Für die frisch verlobte Grace ist ihre an Alzheimer erkrankte Mutter zu einer Fremden geworden. Ständig plagt sie das schlechte Gewissen, nicht genug für sie zu tun. Mit ihren Schuldgefühlen und Verlustängsten wandte sie sich an den Club der Töchter. So ging es für Grace weiter:

Mum kam zwar zu meiner Hochzeit, aber sie war nur körperlich anwesend. Vor dem Altar drehte ich mich zu ihr um. Sie hatte darauf bestanden, ein dünnes rosafarbenes Hängerchen zu tragen, das sie ganz hinten im Schrank entdeckt hatte. Darin sah sie aus wie ein kleines Kind. Es war recht kühl für April, und in der Kirche war es eiskalt. Mein Dad legte ihr seine Smokingjacke um die Schultern und sorgte nach besten Kräften dafür, dass sie nicht auf der Bank herumzappelte oder während der Zeremonie in der Kirche herumlief.

Als ich meinem Mann das Jawort gab, sang sie laut vor sich hin, irgendein zusammenhangloses Zeug. Draußen vor der Kirche las sie die überall verstreuten Kirschblüten vom Vorplatz, warf sie in die Luft und kicherte vor sich hin. Beim Essen konnte sie keine Sekunde stillsitzen, deshalb fuhr mein Vater ein bisschen mit ihr in der Gegend herum. Als eine meiner Schwestern sie dann am späten Nachmittag nach Hause brachte, war ich erleichtert. Doch das schlechte Gewissen folgte auf dem Fuß. Was für eine Tochter war ich bloß?

Als ich Dad von unseren Hochzeitsplänen erzählte, konnte ich ihm die Erleichterung vom Gesicht ablesen. Eine Sache weniger, um die er sich sorgen musste. Auf seine altmodische Weise war er vermutlich froh, mich endlich unter der Haube zu wissen.

Wenn ich mit meinem Vater zusammen bin, sind meine Schuldgefühle und auch mein Kummer am größten. Was meine Mutter und ich miteinander geteilt haben, ist bereits seit fünf Jahren verschwunden. So lange hatte ich schon Zeit, mich mit diesem Verlust abzufinden. Nun habe ich ständig das Gefühl, meinem Vater nicht genug zu helfen, denn ich kümmere mich nur einmal die Woche um meine Mum. Dieser eine Nachmittag ist nur ein Bruchteil dessen, was ich tun könnte. Er kümmert sich rund um die Uhr um meine Mutter, und ich weiß, dass er dringend eine Pause braucht. Mein Mann hilft mir, mehr Auszeiten für meinen Vater zu organisieren, aber Dad fühlt sich meiner Mutter verpflichtet und will nicht einsehen, dass er es nicht alleine schaffen kann.

Eine Erinnerung aus meiner Kindheit ist mir deutlich im Gedächtnis geblieben: Ich sitze in der Badewanne, meine Mutter wäscht mir den Rücken, und wir singen gemeinsam unsere Lieblingslieder von *Abba*. Als sie fertig ist, stehe ich auf und wackele wie Agnetha mit meinem nackten Hintern. Meine Mutter lacht sich kaputt und tut so, als würde sie mit mir schimpfen. »Das ist ja wohl die Höhe! Mir einfach dein nacktes Hinterteil hinzustrecken!«, ruft sie, wickelt mich in ein riesiges Handtuch und trägt mich nach unten aufs Sofa, wo wir es uns vor dem Fernseher gemütlich machen. Mein Vater sitzt in seinem Sessel, meine beiden älteren Brüder spielen draußen auf dem Rasen. Noch heute höre ich das Kaminfeuer prasseln und die Uhr auf dem Sims laut ticken.

Diese Erinnerung kam mir in den Sinn, als ich wie jeden Montag auf dem Weg zu meiner Mutter war. Ich wusste, was mich dort erwarten würde. Diesmal war sie geschminkt wie die Puppen, mit denen wir früher gespielt haben: die Augen bis zu den Brauen mit grellblauem Lidschatten zugekleistert und der Mund dick mit knallrotem Lippenstift bemalt. Die Haare klebten ihr seitlich am Kopf, oben standen ein paar Büschel ab. »Komm, Mum, ich mach dich hübsch«, sagte ich, und sie kicherte wie eine Sechsjährige. Am Abend wollte sie mit ihren Schwestern ausgehen.

Ich wusch ihr die Haare, wie ich es bei jedem Besuch tat. Ich frisierte sie so, wie sie es gern hatte, wischte ihr das grelle Make-up aus dem Gesicht und schminkte sie dezenter. Dabei stieg mir ein unangenehmer Geruch in die Nase. Es war heiß, und ich fragte mich, ob ich vergessen hatte, Deo aufzutragen. Aber der Geruch kam von meiner Mutter. Sie roch sauer, wie jemand, der lange nicht mehr geduscht hat. Die Vorstellung, dass sie sich ungewaschen mit ihren Schwestern treffen würde, deprimierte mich. Ich machte mich darauf gefasst, sie mit Engelszungen unter die Dusche locken zu müssen, denn sie kann sehr bockig sein.

Doch offenbar hatte ich überzeugende Worte gefunden, denn sie zog sich sofort aus und begab sich ohne Murren unter die Dusche. Als ich ihr beim Waschen half, stimmte sie die erste Strophe von »Dancing Queen« an.

Ich versuchte gar nicht erst, meine Tränen zu unterdrücken. Außerdem musste ich zwischendrin immer wieder lachen. »Hör auf, mit dem Hintern zu wackeln, Mum!«, rief ich, aber mir war klar, dass sie dabei nicht an unseren gemütlichen Abend auf dem Sofa dachte. Diese Erinnerung werden wir nie wieder miteinander teilen. Ich habe sie verloren. Damit muss ich leben. Jeden Tag.

Meine Hausaufgaben unterscheiden sich von denen der anderen Töchter in unserer Gruppe. Ich plane keinen Urlaub mit meiner Mutter und lade sie auch nicht zum Essen ein. Nicht mal eine Tasse Tee kann ich mit ihr trinken, es geht einfach nicht. Entweder wischt sie hektisch über den Tisch, oder sie steht auf, setzt sich wieder, steht wieder auf, tanzt mit der vollen Tasse durchs Zimmer, fuchtelt mit dem Löffel herum. Für mich ist es einfacher, wenn wir rausgehen. Das tue ich, so oft ich kann. Ich fahre mit ihr durch die Gegend, besuche Sehenswürdigkeiten oder bummele mit ihr durch Geschäfte, wo sie Klamotten anschaut, die sie nur in ihrer Fantasie tragen wird.

Natasha fragte mich kürzlich, was mich im Umgang mit meiner Mutter motiviere. Interessante Frage. Am stärksten motiviert mich wohl die Liebe zu ihr. Das heißt allerdings nicht, dass ich keine Schuldgefühle hätte. Doch seltsamerweise empfinde ich diese Schuldgefühle mittlerweile vor allem meinem Vater gegenüber, denn wenn meine Mutter stirbt, werde ich vermutlich nicht bedauern, nicht mehr mit ihr unternommen zu haben. Unsere gemeinsame Zeit ist vorüber. Als sie erkrankte, haben wir sie so gut es ging genutzt. Damals schufen wir Erinnerungen, die mir für immer im Gedächtnis bleiben werden. Wie unser Besuch der *Grand Central Station* in New York. In einem Reiseführer stießen wir auf den Tipp mit der Flüstergalerie. »Hab dich lieb«, flüsterte ich in eine Säule. »Ich dich auch, Grace«, flüsterte sie von der diagonal gegenüberliegenden Seite her zurück, und ich vernahm ihre Worte so laut und deutlich, als stünde sie direkt neben mir. Niemand wird mich je mehr lieben als sie. Das zu erkennen, gehört zu meinen Hausaufgaben als Tochter.

Mit meiner Mutter bin ich im Reinen. Wir haben wunderbare Momente miteinander erlebt. Aber ich habe Gewissensbisse, weil ich meinem Vater nicht genug helfe. Er ist diesbezüglich sehr verständnisvoll. »Du hast dein eigenes Leben«, sagt er. »Wir hatten unser Leben, jetzt bist du dran.« Ich solle mir keine Sorgen machen, meint er. Doch das tue ich natürlich.

Jeden Tag bin ich dankbar für meine wunderbare Beziehung zu meiner Mutter. Zwischen uns kam es nie zu den passiv-aggressiven Mustern, die bei vielen Mutter-Tochter-Beziehungen entstehen. Meine Mutter war in dieser Hinsicht eher ungewöhnlich. Nie sagte sie Dinge wie: »Du wirst zu dick, verzichte mal auf Brot.« Das habe ihre Mutter ihr geraten, erzählte mir neulich eine Bekannte. Es gibt viele solche respektlosen Unterhaltungen zwischen Müttern und Töchtern. Viele sind von Eifersucht und Spannungen geprägt. Doch das ist mir fremd. Meine Mutter war stets für mich da. Darüber haben wir uns sogar lustig gemacht. Immer hat sie sich um mich gekümmert, denn für sie war die Fürsorge für die eigenen Kinder ihre Lebensaufgabe.

Diesen Verlust spüre ich deutlich.

Und ich bewältige ihn auf meine Art, was bedeutet, dass ich die Trauer um meine Mutter nicht ständig an mich heranlasse. Ich nehme sie nicht mit zur Arbeit oder zu Treffen mit Freunden. Manchmal glaube ich, ich versuche immer noch, der Wahrheit zu entkommen. Ich erledige meine Pflichtbesuche und dann verdränge ich den Gedanken an meine Mutter bis zur nächsten Woche. Nur so kann ich die Situation ertragen. Als bei meiner Mutter Alzheimer diagnostiziert wurde, stand ich zunächst unter Schock. Mein Leben lag in Scherben, und ich stand fassungslos davor. Von einem solchen Schlag erholt man sich möglicherweise nie.

Trotz allem gelingt es mir mittlerweile, ihre Krankheit in ihrem vollen Ausmaß zu betrachten. Mir ist bewusst, dass sich ihre Situation verschlimmert. Es lässt sich auch gar nicht verhehlen. Damit umzugehen aber, bleibt schwierig. Es wäre völlig unrealistisch, ihrer Krankheit mit Gleichmut begegnen zu wollen.

Manchmal sitze ich zu Hause und stelle mir vor, wie es sein wird, wenn mich die Nachricht von ihrem Tod ereilt. In meiner Fantasie schläft sie friedlich neben Dad ein. Es würde mich erleichtern. Es wäre schrecklich. Eine schreckliche Erleichterung. Weil es für meine Mutter keine Hoffnung gibt. Vor ihr liegen nur Gram, Leid und Schmerzen. Vor ihr und vor meinem Vater. Mein armer, wunderbarer, humorvoller, treu sorgender Vater.

Unter der Woche kümmern sich meine Schwestern um sie, damit mein Vater zur Arbeit gehen kann. Sie laden sie zum Mittagessen ein und unternehmen Spaziergänge mit ihr. Schon als sie jung war, plagte meine Mutter die Sorge, in einem Heim zu landen. Als sie von ihrer Krankheit erfuhr, flehte sie uns an: »Bitte steckt mich nicht in ein Heim!« Mein Vater erfüllt ihr diesen Wunsch mit vollem Einsatz.

Es wäre schön, wenn mein Vater irgendwo Trost finden könnte. Hätte er eine Affäre, ich würde ihm gratulieren. Er hat ein anderes, neues Leben verdient. Seit fünf Jahren reibt er sich für sie auf, er hätte sich überhaupt nichts vorzuwerfen. Auch er hat ein Recht auf sein Leben.

Meine Mutter ist eine Fremde, und mein Vater braucht mich vermutlich mehr als sie. Meine Hausaufgaben beziehen sich eher auf meinen Vater. Das habe ich jetzt verstanden.

Brief der trauernden Tochter

Liebe Mum,
danke, dass du dich ein Leben lang um mich gekümmert
hast. Danke, dass du eine Mutter warst, der ich alles erzäh-
len konnte – heute weiß ich erst, wie selten das ist. Diese
Erfahrung war ein großes Glück für mich, nur leider viel zu
kurz. Ich liebe dich so sehr, und der Verlust deiner Zuwen-
dung und Liebe ist nahezu unerträglich.

Ich weiß, dass du diesen Brief nie lesen wirst, aber ich hoffe, dass du meine Gefühle für dich kennst und dieses Wissen im Herzen trägst.

Den voranschreitenden Verlust deiner wunderbaren Persönlichkeit miterleben zu müssen, schmerzt mich sehr. Mir bleibt nur zu hoffen, dass du in deiner eigenen schönen Welt lebst und nicht leidest.

Es ist unendlich traurig, dich Stück für Stück zu verlieren, aber ich bin dankbar für die wunderbaren Erinnerungen an unsere gemeinsame Zeit, von meiner Kindheit bis zu jenen wertvollen Momenten kurz vor deiner drastischen Veränderung.

Bitte verzeih mir, wenn ich ungeduldig bin oder dich manchmal nicht besuche, weil ich dein Leid nicht ertrage. Ich werde dich immer lieben.

Ich werde mich um Dad kümmern, Mum. Ich werde ihn für dich mitlieben.

Grace

... für die Tochter wider Willen

Anna fürchtete sich nicht vor dem Tod ihrer Mutter, sondern vielmehr davor, dass diese bis weit über neunzig weiterleben könnte. Denn in diesem Falle würden die Pflegekosten ihr gesamtes Erbe verbrauchen, die Lebensqualität der Mutter würde sich aber zunehmend verschlechtern. Anna wollte sich mehr um die Erfüllung ihrer töchterlichen Pflichten bemühen. Und so ging es für sie weiter:

Seit ich dem Club der Töchter beigetreten bin, hat sich der geistige Zustand meiner Mutter so drastisch verschlechtert, dass ich mit der Situation nur fertig werde, wenn ich sie wie einen Fall behandle, denn das ist meine Art, mit Krisen umzugehen. Ich weiß, das klingt herzlos, aber die Vorgeschichte ist kompliziert.

Als ich den anderen Frauen in der Gruppe gestand, dass ich mich am meisten davor fürchtete, dass meine Mutter mich überleben könnte, waren sie offensichtlich schockiert. Aber meine Furcht ist nicht übertrieben, denn trotz ihres hohen Alters ist ihre Energie ungebrochen. Noch heute ergießt sie sich mit rücksichtlos schriller, hoher Stimme in Schuldzuweisungen. Das Alter hat sie weder müde noch milde gemacht.

Die vielen Jahre des Zorns haben ihrer Schönheit keinen Abbruch getan. Nur ihre Seele hat Schaden gelitten. Nie hat sie das Leben als Chance betrachtet, immer nur geschimpft: auf Hitler, den Krieg, ihre Herkunft, die Armut, meinen Vater – und auf mich. »Natürlich hatte ich keine Chancen im Leben, ich musste mich schließlich um dich kümmern.«

Ich kenne Menschen, die sich nicht gern aus ihrer Komfortzone bewegen, aber meine Mutter verharrt in einer Zone, die ihr nie Komfort beschert hat. Es handelt sich eher um eine Art dunkle Wolke, die sie umgibt und ihr die Sicht auf die Welt und die Ohren vor dem guten Rat wohlmeinender Mitmenschen versperrt. Sie hat keine Pläne für die Zukunft und lernt nichts aus der Vergangenheit. Und immer hat jemand anders Schuld.

Aber trotzdem liebe ich sie irgendwie. Ich möchte nicht, dass es ihr schlecht geht, und schon gar nicht, dass sie leidet. Aber es besteht keine Bindung zwischen uns, und es existiert offenbar auch kein Familieninstinkt, keine Blutsbande. Und deshalb habe ich natürlich ein schlechtes Gewissen. Wir sind völlig gegensätzlich, sie stößt mich ab, aber das geschieht nicht aus Bosheit, sondern als Selbstschutz.

Doch jetzt ist sie an Demenz erkrankt. Ich bin sicher, dass sie Angst hat, aber sie verbirgt sie hinter der Aggression, mit der sie ihren Mitmenschen begegnet. Wie eine Tarantel sondert sie ihr Gift ab, damit ihr ja keiner zu nahe kommt.

Ich folge ihr wie ein Schatten durch die Wohnung und räume alles wieder an seinen Platz, kratze verbranntes Plastik vom Herd, weil sie wieder mal versucht hat, Essen in Plastikbehältern zu kochen, oder schmeiße stapelweise angesammelte Zeitungsausschnitte weg. Neulich habe ich heimlich siebzehn Packungen bereits bräunlich verfärbter Roter Bete entsorgt und mehrere sorgfältig zusammengerollte und in verschiedenen Blechdosen deponierte Geldscheine zur Bank gebracht, um sie auf ihr Konto einzuzahlen. Einmal die Woche putze ich, fege, jäte, flicke und koche ihr das Mittagessen. Dabei befolge ich stets dieselbe Routine: Ich hole ihr Rentengeld von der Behörde ab, erledige den Einkauf, mähe den Rasen, bringe den Müll weg, sauge, reinige das Bad und lüfte das Haus.

Durch den Austausch mit den anderen Frauen im Club der Töchter habe ich gemerkt, wie wichtig positive Erlebnisse mit meiner Mutter für mich sind. Nach dem Tod meines

Vaters half ich ihr bei ihrem ersten Umzug, und momentan versuche ich, sie zu einem erneuten Umzug zu bewegen, weil sie keine Treppen mehr steigen kann. Aber sie weigert sich strikt, sodass wir mittlerweile auf eine handfeste Pflegekrise zusteuern. Mit freundlichen Worten ist es nicht mehr getan. Schon nach zwanzig Minuten hat sie jedes Gespräch wieder vergessen. Zu einer Unterhaltung ist sie ohnehin nicht mehr in der Lage. Sie ist abgetaucht in ihre eigene Welt.

Ich glaube, sie weiß, dass sie mir nicht egal ist, obwohl wir uns nie ausgesprochen haben. Zwischen uns liegen einfach Welten. Weil ich weiß, wie gern sie Eis isst, schob ich sie vor ein paar Tagen im Rollstuhl zu einem kleinen französischen Café und kaufte ihr ein Eis und ein Bier. Das hat ihr gefallen.

Es ist nicht leicht, ständig dieselben Fragen zu beantworten, aber es ist gut, dass ich für ein wenig Abwechslung im Leben meiner Mutter sorgen kann.

Als meine Mutter die Diagnose erhielt, kam eine Psychiaterin der Klinik eigens zu ihr ins Haus, um ihr das Untersuchungsergebnis schonend beizubringen. Die doppelte Grausamkeit dieser speziellen Form von Demenz versteckte sie hinter medizinischen Fachbegriffen wie Atrophie und Anosognosie. Meine Mutter ist krank, weiß aber selbst nicht, dass sie Hilfe braucht und anderen Menschen das Leben schwer macht. Ihr miesepetriger Kommentar lautete: »Was erwartet ihr denn von einer Achtundachtzigjährigen?« Die Ärztin stellte ihr im Rahmen ihrer Untersuchung einige Fragen und bot ihr medizinische Hilfe an, doch meine Mutter lehnte ab. Zwanzig Minuten nachdem sie gegangen war, schimpfte meine Mutter über »diese Frau« und wollte wissen, warum zum Teufel man ihr nicht einfach ein Medikament verschreibe.

Unsere Beziehung ist durch diese Krankheit vollständig zerrüttet, aber im Gegensatz zu anderen Töchtern leide ich nicht unter dem Verlust meiner Mutter »wie sie einmal war«, denn ich hatte nicht viel zu verlieren. Weder trauere ich um »meine beste Freundin«, noch um »die Frau, die immer für mich da war«. Und dennoch betrübt mich der mentale Verfall meiner Mutter, denn sie hat es in den fast neunzig Jahren nicht geschafft, über ihr Leben nachzudenken, und wird es nun auch nicht mehr tun können. Ich werde nie verstehen, warum es einer halbwegs intelligenten, informierten Frau wie meiner Mutter nicht möglich war, sich aus ihrem engen Leben zu befreien.

Es wird mir schwerfallen, an ihrem Grab eine Trauerrede zu halten, denn es gibt in ihrem Leben keine klassischen Themen wie Hobbys, Freizeitbeschäftigungen, besondere Vorlieben oder Errungenschaften. Sie ging einkaufen, schaute Fernsehen, kochte meinem Vater das Essen – und jammerte in einem fort.

Seit ich dem Club der Töchter angehöre, habe ich mich bemüht, meiner Mutter das Leben mit kleinen Aufmerksamkeiten etwas angenehmer zu gestalten. Wenn die Sonne scheint, gehe ich mit ihr spazieren, sonntags bringe ich ihr was zu essen und kaufe ihr eine Zeitschrift (die sie nicht mehr richtig lesen kann). Mit weichen Kissen und Decken sorge ich dafür, dass sie es bequem hat. Ich kaufe ein und koche ihre Leibgerichte. Aber sie vergisst alles gleich wieder. Letztens habe ich zwei Tage am Stück mit ihr verbracht, habe sie bekocht und bin mit ihr spazieren gegangen, aber sie erzählte ihrer Nachbarin, ich hätte sie wochenlang nicht mehr besucht. Die Hilfsangebote des Sozialdienstes will sie nicht annehmen, denn sie meint, sie käme wunderbar allein zurecht.

Wenn sie noch weitere zehn Jahre lebt, wird sie in einem

Pflegeheim landen, obwohl sie das auf keinen Fall gewollt hätte. Abgesehen davon, dass sie sich mit Händen und Füßen dagegen wehren würde, wären die Kosten für eine solche Unterbringung schwindelerregend hoch, viel höher als die Einnahmen, die ich durch die Vermietung ihres Hauses erzielen könnte. Die so entstehenden Schulden müsste ich dann nach ihrem Tod durch den Verkauf des Hauses abtragen.

Ich will ehrlich sein: Ich könnte das Erbe gut gebrauchen, um mir meinen Traum zu erfüllen. Gern würde ich bei der *Marine Conservation Society* auf einem Segelboot anheuern, den Pazifik überqueren und auf den Zustand unserer Meere aufmerksam machen. Jetzt, wo ich noch fit bin, möchte ich an Umweltprojekten teilnehmen und etwas für unseren Planeten tun, ohne mich um ein regelmäßiges Einkommen sorgen zu müssen.

Doch das Geld wird vermutlich für die Pflege meiner Mutter draufgehen, und sie wird vor sich hinvegetieren, bis ich über sechzig bin. Das deprimiert mich sehr, und viel zu oft greife ich in solchen Augenblicken zur Flasche. Als einzige Verwandte obliegt mir die gesamte Betreuung meiner Mutter. Durch Reisen und Abenteuer könnte ich diesem Teufelskreis entkommen. Aber vermutlich läuft es eher auf eine Lebertransplantation hinaus.

Ich habe mich wirklich bemüht, die positiven Seiten meiner Mutter zu erkennen. Sie kann gut mit Geld umgehen, und hat sich stets umfassend über das Weltgeschehen informiert. Sie ist Mitglied bei Greenpeace, darauf bin ich stolz. Mit Tieren geht sie wunderbar um, aber ein Haustier möchte sie sich nicht anschaffen, denn es könnte »schiefgehen«. Lieber nichts riskieren.

Ich wünschte, ich wäre ihr begegnet, als sie noch ganz jung war. Vielleicht hätte ich ihr helfen können, sich dem

Leben gegenüber zu öffnen und die Welt zu bereisen. Manchmal frage ich mich, warum sie solche Angst vor dem Leben hat. Ich werde meine Hausaufgaben machen – nicht nur aus Pflichtgefühl, sondern auch aus einer Art Liebe heraus. Aber meine Mutter bleibt mir ein Rätsel, und es gibt niemanden, der es für mich lösen könnte.

Brief der Tochter wider Willen

Liebe Mum,
ich wünschte, die Dinge wären anders gelaufen. Ich wünsch-
te, du wärst glücklich gewesen. Wie gern wäre ich zu dir
durchgedrungen, hätte diese Mauer durchbrochen und dir
geholfen, dein Leben leichter und fröhlicher zu gestalten.
Schön wäre es gewesen, wenn du meine Welt und Interessen
ein wenig verstanden hättest. Aber diese Dinge haben dir nie
etwas bedeutet. Moderne Musik, moderne Kunst und alles
Intellektuelle hast du verabscheut. Schon früh war klar, dass
du mit meinem Leben nichts anfangen können würdest.
Statt zu heiraten und Kinder zu bekommen, habe ich mich
meinem Studium gewidmet. Es ist mir klar, dass dich das
enttäuscht hat. Wahrscheinlich haben wir uns gegenseitig
enttäuscht. Du hast nie ein Buch gelesen. Das finde ich
furchtbar traurig, denn für mich gehören Bücher zu den
wichtigsten Dingen im Leben. Nie konnten wir uns über
Literatur unterhalten. Wie schade.
Ich weiß, dass du auf manche Errungenschaften in meinem
Leben stolz warst, aber für dich stand immer fest, dass diese
Errungenschaften ein Privileg meiner Generation sind, ein
Privileg, das euch wegen des Krieges verwehrt geblieben sei.
Was wäre aus dir geworden, wenn du zwanzig Jahre später
auf die Welt gekommen wärst? Hättest du dich dann von

deinem lähmenden Pessimismus befreien können? Der Krieg hat dich nie losgelassen, ständig hast du darüber geredet. Immer und immer wieder. Ich weiß, diese Zeit war schrecklich und traumatisch, aber das alles ist lange her. Sechs Jahre Krieg hast du erlebt, aber dein Leben ist doch so viel länger.

Mir ist es nie gelungen, mit dir eine Unterhaltung zu führen, in der du nicht geklagt, gejammert und geschimpft hast. Als Kind habe ich mich immer dafür geschämt, dass du dich jeglichen Veränderungen in der Gesellschaft verschlossen hast. Im Gegensatz zu anderen Müttern warst du mürrisch, wenig gesellig, altmodisch. Dein Haar hast du immer unter einem Kopftuch versteckt. Das war doch gar nicht nötig! Wie schön hätte dein Leben sein können, wenn du es nur zugelassen hättest.

Es tut mir leid, dass ich Teil einer Welt bin, die du verabscheust. Bitte verzeih, dass ich nie die Tochter oder Freundin war, die du dir vielleicht gewünscht hast. Ich entschuldige mich dafür, so anders zu sein als du. Wir waren einfach zu verschieden, um jemals zueinanderfinden zu können.

In Liebe und Trauer,
Deine Tochter Anna

Debbie hatte stets das Gefühl, nicht gut genug zu sein, und wünschte sich, ihre Mutter würde sich mit ihr unterhalten. Und so ging es für Debbie weiter:

Wenn der Club der Töchter für die Schule zählen würde, und ich hier tatsächlich an meinen Hausaufgaben säße, hätte ich jetzt arge Probleme. Von zehn möglichen Punkten würde ich vermutlich mit Ach und Krach zwei bekommen, denn bei der Erfüllung meiner töchterlichen Aufgaben habe ich auf ganzer Linie versagt.

Ich habe meine Mutter zu einem gemeinsamen Familienurlaub eingeladen. Die Idee kam mir bei einem Treffen mit den anderen Töchtern. Im Urlaub könnte sich mein Mann um die Kinder kümmern, dann hätte ich ein bisschen Zeit für sie, dachte ich. Ich hatte mir vorgestellt, mit ihr am Strand spazieren zu gehen oder vielleicht entspannt mit ihr ein Eis zu essen. Dann könnte ich ihr sagen, wie es mir ginge, und sie würde ihr Tablet beiseitelegen, weil es ihr wichtiger wäre, ihrer Tochter zuzuhören. Doch ich hatte mich geirrt.

Unser gemeinsamer Campingurlaub in Frankreich war eine Katastrophe. Einige Tage vor unserer Abreise erkrankte meine Mutter an einer Bronchitis, sodass bis zum Schluss nicht klar war, ob sie überhaupt mitkommen würde. Da kamen mir erste untöchterliche Gedanken. Mir war schon klar, dass sie nicht mit Absicht eine Bronchitis bekommen hatte, aber der Zeitpunkt war denkbar ungünstig gewesen. Es war schon schwer genug, sie im Urlaub bei Laune zu halten, da brauchte ich nicht noch zusätzlichen Druck durch eine Erkrankung im Ausland.

Die ersten Tage schien sie richtig aufzublühen, obwohl sie ihr Tablet immer in der Nähe hatte. Aber dann ging es ihr wieder schlechter. Dieser Infekt hätte sogar eine gutmütige Person mürbe gemacht, aber meine Mutter war alles andere als gutmütig. Ich schleppte sie zum Arzt, danach wollte ich sie zum Kaffee einladen und ein kleines Schwätzchen mit ihr halten. Aber meine beiden Ältesten hatten sich schlecht benommen und durften zur Strafe nicht mit an den Strand. Also nahmen wir sie mit. Mein Plan war hinfällig, die entspannte Unterhaltung mit meiner Mutter fand nicht statt.

Für den Rest des Urlaubs war sie unerträglich. Wenn sie nicht gerade an uns herummeckerte, vor allem an den Kindern, die sie zu laut fand, verzog sie sich ins Hotelzimmer und spielte auf dem Tablet herum. Am letzten Urlaubstag brachte sie meinen Mann mit ihrer ständigen Nörgelei dermaßen zur Weißglut, dass er einfach abhaute und mich mit dem Schlamassel alleinließ.

Auf dem Heimweg hatten wir zu allem Überfluss auch noch eine Autopanne und mussten den Abschleppdienst rufen, was meine Mutter nur zu weiteren Attacken inspirierte und in mir das Gefühl verstärkte, sie als Tochter mal wieder enttäuscht zu haben. Als wir endlich wieder zu Hause waren, marschierte sie schnurstracks ins Bett.

Am nächsten Morgen reiste sie gleich nach dem Aufstehen ab, um sich mit Freundinnen zum Kaffee zu treffen. Wir lagen noch im Bett, als sie sang- und klanglos verschwand. Nicht mal von den Kindern verabschiedete sie sich. Ihre Rechtfertigung für ihre plötzliche Abreise hatte ich schon zigmal gehört: Mein schlampiger Haushalt und die nachlässige Erziehung meiner Kinder seien ihr einfach zu viel. Ich müsse mein Leben endlich in den Griff bekommen.

Seitdem haben wir keinen Kontakt mehr gehabt. Auf meine Anrufe reagiert sie nicht.

Ich bin die Versagerin in unserer Gruppe. Irgendwie geht bei mir nichts vorwärts. Am liebsten würde ich Natasha bitten, meinen Vertrag aufzulösen. Aber Tochter zu sein ist kein Job. Ich kann nicht einfach kündigen. Tochter ist man ein Leben lang.

Trotz allem habe ich die Hoffnung nicht aufgegeben. Ich weiß ziemlich genau, was ich tun muss, damit wir uns wieder näherkommen. Ich würde mich gern mit ihr zusammensetzen und mich mit ihr offen über unsere Probleme austauschen. Wenn ich die Gelegenheit hätte, würde ich ihr sagen, dass ich tatsächlich einen schlampigen Haushalt habe, mein Leben chaotisch und laut ist, aber dass daran nichts falsch oder schlecht sei, und ich deswegen noch lange keine Versagerin bin. Zwischen meinem Leben und ihrem liegen Welten. In ihrer kleinen, geordneten Existenz kann sie tun und lassen, was sie will, das gleiche Recht gebührt auch mir.

Es war einfach der falsche Zeitpunkt für meine Hausaufgaben. Manchmal macht einem das Leben eben einen Strich durch die Rechnung. Ich glaube, meine Mutter trauert noch zu sehr um meinen Vater, um sich mit anderen Dingen zu beschäftigen. Vielleicht hat sie Depressionen. Die Computerspiele sind womöglich eine Art Flucht vor dem, was sie nicht bewältigen kann. Besser als Whiskey sind sie allemal.

In letzter Zeit denke ich oft über Mütter und Töchter nach. Die Mutter ist nur eine kurze Zeit lang für ihre Tochter da, danach kehrt sich das Verhältnis um, und die Tochter sollte für die Mutter da sein. Das klingt vielleicht alles ganz logisch und offensichtlich, aber mir ist das erst beim Abhören der Bänder für den Club der Töchter klar geworden.

Ich versuche, mich auf die guten Seiten in der Beziehung zu meiner Mutter zu konzentrieren. Meine Eltern hatten kein sehr inniges Verhältnis zueinander, aber als mein Vater krank wurde, zeigte meine Mutter ihm ihre tiefe Liebe. In den letzten Wochen seiner Krebserkrankung konnte er nicht mehr gehen und kaum noch sprechen, aber sie pflegte ihn bis zu seinem Tod zu Hause. Jedes Wochenende übernahm ich diese Aufgaben, damit sie eine kleine Auszeit hatte. Freunde und Nachbarn boten Hilfe an, aber meine Mutter wollte niemandem zur Last fallen.

Immer wenn ich Zeit hatte, half ich meiner Mutter. Als die Diagnose gestellt wurde, rief meine Mutter mich oft an und sagte Dinge, die ich nie für möglich gehalten hätte. »Ich habe dich lieb.« »Danke für deine Hilfe.« »Schön, dass du mir zuhörst.« »Ich vermisse dich.« Damals kamen wir uns sehr nahe, aber jetzt ist alles anders.

Sie ist einsam, traurig und zornig. Es schmerzt mich, dass ich ihr nicht helfen kann. Zwischen uns existiert noch immer eine Bindung, aber keine echte Nähe. Vielleicht sollte ich alles hinwerfen, um bei ihr zu sein und ihr zur Seite zu stehen. Oder etwa nicht? Nein, das ist nicht möglich. Ich habe eine Familie und einen Beruf. Deswegen bin ich aber keine schlechte Tochter. Das muss ich mir eben immer wieder sagen.

Brief der enttäuschenden Tochter

Liebe Mum,
ich weiß nicht recht, wo ich anfangen soll.
Du bist schon mein ganzes Leben lang bei mir und auf deine Art für mich da, aber es gibt ein paar Dinge, die ich erklären und vielleicht auch verstehen möchte.
Weil ich selbst Mutter bin, sehe ich Dinge nun klarer, die mir früher ein Rätsel waren. So habe ich beispielsweise erkannt,

dass Worte nicht immer alles besser machen. Manchmal ist es besser zu schweigen und Sachen unter den Tisch fallen zu lassen. Auch eine Nacht drüber zu schlafen, kann Probleme weniger erdrückend erscheinen lassen. Am nächsten Tag sieht man die Dinge oft klarer.

Auch habe ich gelernt, dass es keine perfekten Eltern gibt. Im Endeffekt macht jeder seine Sache so gut er kann. Wenn ich jetzt auf Erlebnisse aus meiner Jugend zurückblicke, die mich geärgert haben, erkenne ich, dass du dein Bestes gegeben hast.

Außerdem fällt mir auf, dass ich deine Zuwendung als selbstverständlich hingenommen, dir nicht zugehört, dich gekränkt und nicht wertgeschätzt habe.

Eigentlich weiß ich, dass ich mit dir über alles reden kann, aber ich tue es nicht. Wenn ich dir was von mir erzähle, reagierst du manchmal anders, als ich es mir wünsche. Offen gestanden mache ich mir gelegentlich Sorgen über deinen Gemütszustand und frage mich, was dich bewegt.

Du bist nicht mehr für meine Erziehung verantwortlich, sondern nur für dich selbst. Ich muss mich um mich selbst kümmern.

Viele deiner Aussagen, Handlungen und Reaktionen der letzten Jahre haben mich sehr gekränkt. Manchmal verstehe ich nicht, warum du dich so verhalten hast.

Trotzdem möchte ich dir danken, dass du als Mutter dein Bestes gegeben hast. Danke für die selbstlosen, aufmerksamen Dinge, die du für mich getan hast, für deine Unterstützung in harten Zeiten. Als mein Leben in Scherben lag, hast du sie aufgehoben und mich ermutigt weiterzumachen. Du bist eine wunderbare Oma und schenkst meinen Kindern Liebe und Aufmerksamkeit, wenn ich sie manchmal vor lauter Hektik vernachlässige. Sie lieben dich sehr.

Als ich diesen Brief im Kopf formulierte, fielen mir lauter

Kritikpunkte ein. All die Kränkungen und erlittenen
Ungerechtigkeiten der letzten Jahre stiegen in mir hoch.
Als Dad im Sterben lag, habe ich mich oft allein mit ihm
über die Vergangenheit unterhalten. Zunächst habe ich
versucht, Dinge wieder ins Reine zu bringen oder mich für
meine Versäumnisse zu entschuldigen. Doch wir merkten
schnell, dass das gar nicht nötig war. Vielleicht klingt es
abgegriffen, aber die bedingungslose Liebe zwischen Eltern
und Kindern kann alles aushalten – selbst jahrelange Miss-
verständnisse und Konflikte.
Noch während ich diese Zeilen schreibe, merke ich, wie un-
wichtig meine Beschwerden sind. Eigentlich möchte ich dir
nur diese beiden Dinge sagen: Danke, und ich liebe dich.

Debbie

... für die abhängige Tochter

Róisín wollte sich um mehr Unabhängigkeit von ihrer Mutter bemühen und bei Familientreffen nicht mehr ständig Streit auslösen. Und so ging es für Róisín weiter:

Neulich wurde mein E-Mail-Konto gehackt. Über Nacht erhielten mehrere Hundert Freunde und Bekannte von mir eine Werbemail für ein Diätprodukt im Wert von 128 Euro. An den nächsten Morgen denke ich mit Schaudern zurück.

Wenn es um Technik geht, habe ich oft ein Brett vorm Kopf. So starrte ich wie vom Donner gerührt auf mein E-Mail-Konto und malte mir die Reaktion der Leute aus, die nach Monaten oder Jahren endlich wieder von mir hörten und dann lesen mussten, dass ich sie für zu fett hielt. Die Woche fing ja gut an!

Ein paar wohlmeinende Freunde versuchten mir zu erklären, wie ich das Problem am besten lösen könne, aber ich stand davor wie ein Ochs vorm Berg. Ich tröstete mich damit, dass meine Bekannten ohnehin nicht glauben würden, dass ich ihnen ein Diätmittel andrehen wollte. Alle bis auf meine Mutter. Deshalb schickte ich ihr sofort eine Nachricht, um die Sache aufzuklären.

Seit ich alt genug bin, um von anderen als »zu fett« tituliert zu werden (also ungefähr, seit ich vierzehn bin), muss sich meine Mutter meine Gewichtsprobleme anhören. Wie bereits erwähnt, sind wir beide keine Kostverächter, aber für mich ist Essen auch ein Trost in allen Lebenslagen.

Stundenlang haben wir die Vor- und Nachteile verschiedenster Diäten bis ins Letzte durchdiskutiert. Joggen (sehr langsam) und Walken habe ich ebenfalls probiert, aber nie mit durchschlagendem Erfolg. Immer wieder lande ich am Küchentisch bei meiner Mutter, die mir stets sagt, wie sehr sie mich liebe, egal welche Kleidergröße ich trage. Doch sie sagt auch: »Ich weiß, dass du nicht glücklich bist. Ich möchte, dass du glücklich bist.«

Und weil sie das möchte, hat meine Mutter die E-Mail mit der Diätwerbung geöffnet und das Produkt sofort bestellt. Sekunden später bekam sie meine Nachricht und schämte sich für ihre Dummheit. Die Pillen stehen ungeöffnet auf ihrem Kleiderschrank und erinnern sie daran, dass sie auf einen Trick hereingefallen ist.

Doch damit nicht genug. »Dank dieser blöden Sache weiß ich jetzt, dass ich dir bei deinen Gewichtsproblemen nicht mehr helfen kann«, gestand sie mir kurz danach. Zu der Einsicht war ich allerdings auch schon gekommen. Mit fünfundsiebzig Jahren sollte meine Mutter mir nicht mehr bei meinen persönlichen Problemen behilflich sein müssen. Doch diese Erkenntnis löste bei mir keinerlei Verlustgefühle aus, im Gegenteil, ich hatte den Eindruck, meine Mutter von einer lästigen Pflicht befreit zu haben. Endlich hatte ich die Verantwortung für ein Problem übernommen, das ich nur selbst lösen konnte. Eine Hausaufgabe hatte ich damit erledigt!

Bei unseren Treffen hatte ich außerdem den Wunsch geäußert, mich in Gegenwart meiner Mutter weniger egoistisch zu benehmen. Ich wollte sie öfter zum Mittagessen einladen und ihr zuhören. Doch was tat ich? Ich suchte ein paar neue Restaurants aus und quatschte meine Mutter beim Essen voll! Ich benahm mich schlimmer als vorher. Erst am Ende fiel mir mein Vorsatz wieder ein, aber da war es schon zu spät. Offenbar hatte ich mir den schlechten Umgang mit meiner Mutter so sehr angewöhnt, dass ich ihn nicht einfach ändern konnte.

Da kam mir die Idee, einfach so zu tun, als hätte ich meine Mutter zu einem Bewerbungsgespräch in ein Restaurant eingeladen. In einer solchen Situation würde ich die Fragen stellen und den Antworten des Bewerbers lauschen.

Bei unserem nächsten Treffen setzte ich die Idee um. Das traf sich prima, denn meine Mutter hatte gerade mit der Behandlung ihrer Makuladegeneration begonnen, bei der sie Injektionen direkt ins Auge bekam. Sie hatte also eine Menge zu erzählen.

Ich packte sogar mein kleines Diktiergerät aus, stellte es vor sie hin und hörte ihr zu. Meine Mutter redete und redete. Ich lernte eine Menge Neues über sie, zum Beispiel, dass sie gern mit jedem ihrer Kinder einzeln Zeit verbringen würde, also ohne Mann und Enkel. Außerdem träumte sie davon, nach Venedig zu reisen, und zwar schon seit 1980, als sie die Stadt das erste Mal in einer Eiscreme-Werbung gesehen hatte. Und sie ist tatsächlich froh, wenn sie mal ein paar Tage nichts von mir hört, weil sie dann weiß, dass ich ohne sie klarkomme. Als ich das hörte, beschloss ich, sie nicht mehr mit meinen Sorgen zu belasten. Außerdem kam bei diesem Treffen heraus, dass sie sich gern ein wenig umsorgter fühlen würde. Nach ihrer letzten Behandlung sei sie so erschlagen gewesen, dass sie das Bett hüten musste. Schön wäre es gewesen, gestand sie mir, wenn eines ihrer Kinder bei ihr angerufen und sich nach ihrem Wohlergehen erkundigt hätte. »Alle glauben, ich sei gesund und munter. Um mich braucht man sich offenbar keine Gedanken zu machen. Aber ich hätte es schon gern, wenn die Leute öfter an mich denken würden«, sagte sie.

Meine Mutter mag nicht bevormundet oder übergangen werden. Aussagen wie: »Mum mag das nicht« oder: »Mum wird auch nicht jünger«, vor allem in ihrer Gegenwart geäußert, werde ich also in Zukunft vermeiden.

Manchmal fühlt sie sich offenbar nicht ausreichend wertgeschätzt. Was sie für uns tue und getan habe, sei aus Mutterliebe geschehen und selbstverständlich gewesen, aber gelegentlich sei sie sich nicht sicher, ob wir diese Mühe auch zu schätzen wüssten. Noch im selben Atemzug suchte sie die Schuld für unsere nicht explizit ausgedrückte Wertschätzung bei sich. »Vielleicht habe ich euch so erzogen. Ich habe euch gesagt, dass ich keine Karte zum Muttertag möchte, habe euch ermutigt, in die Welt hinauszugehen und euer Ding zu machen. Aber manchmal frage ich mich schon, ob ihr mich aufrichtig liebt.«

Diese Aussage war ein ziemlicher Schlag. Ich überlege noch heute, wie ich das meinen Geschwistern beibringen soll.

Aber bei diesem köstlichen Mittagessen bekam ich einen tiefen Einblick in das Gefühlsleben meiner Mutter. Sie habe es genossen, im Mittelpunkt zu stehen, gestand sie mir, als wir hinterher den Aufzeichnungen lauschten. Ich stellte fest, dass meine Mutter dank meiner Zurückhaltung über Themen redete, die sie sonst nie zur Sprache gebracht hätte.

Nach diesem Treffen legten meine Geschwister und ich zusammen und schenkten meiner Mutter eine Reise nach Venedig. Meine Schwester wird sich demnächst allein mit ihr zum Mittagessen treffen. Und ich merke mir ihre Behandlungstermine, damit ich ihr an diesen Tagen besondere Aufmerksamkeit schenken kann.

Für alle, die sich nicht sicher sind, was sie für ihre Mutter tun können, kann ich die Interviewtaktik nur wärmstens empfehlen. Da kann einem so manche Überraschung passieren.

Doch ich hatte mir nicht nur vorgenommen, meiner Mutter besser zuzuhören und weniger zu reden, sondern ich wollte meine Hausaufgaben auch im Umgang mit den anderen Familienmitgliedern erledigen. Anlässlich der Rückkehr meines Bruders aus dem Ausland lud ich meine Mutter und Geschwister zu einem Abendessen ohne Kinder und Partner zu mir nach Hause ein.

Mein Bruder war vorübergehend bei mir untergekommen und half mir bei den Vorbereitungen. Beim Schnippeln und Köcheln wies ich ihn darauf hin, dass er, der uns regelmäßig auf die Palme zu bringen pflegte, sich bei dieser Gelegenheit gefälligst auf die Zunge zu beißen habe. Er entgegnete, es sei nicht seine Schuld, dass die Dinge beim letzten Familientreffen eskaliert seien. Damit hatte er nicht ganz unrecht. Aber dieses Mal sollte es anders sein.

Denn ich war auf einer Friedensmission. Ich wusste genau, dass meine Mutter nichts so sehr erfreute wie der Anblick ihrer in froher Runde versammelten erwachsenen Kinder. Ebenso sehr verabscheute sie es, wenn der Familienfrieden durch dumme Streitereien gestört wurde. Bei unserem heutigen Abendessen würde ich dafür sorgen, dass es harmonisch blieb.

Alles lief ganz wunderbar, das Hähnchen schmeckte köstlich, wie auch die Kartoffeln und das Gemüse.

Dann aber plauderte meine Mutter darüber, wie schön es für sie sei, bei meiner jüngeren Schwester zu wohnen. Wir sollten alle wissen, wie glücklich sie dort sei und wie fürsorglich meine Schwester sie betreue. Diese Schwester war nicht zum Essen gekommen (vermutlich ahnte sie schon, was sie erwarten würde).

Wäre ich nun nicht in Sachen Frieden unterwegs gewesen, hätte ich meiner Mutter ein paar Takte dazu erzählt. Meine Worte wären nicht besonders freundlich ausgefallen, denn ich hätte sie auch gern bei mir. Meine Schwester hat in ihr eine Babysitterin und eine wundervolle Köchin, das kann man wohl kaum als schweres Los bezeichnen. Solchen Gedanken hätte ich vermutlich mit wenig Beherrschung Ausdruck verliehen.

Doch von den vielen Zusammenkünften des Clubs der Töchter geschult, zückte ich mein Diktiergerät und stellte es demonstrativ neben meine Mutter. Diese Szene würde der Gruppe hervorragendes Anschauungsmaterial bieten. Meine Überlegungen waren völlig arglos, denn seit Projektbeginn hatte ich meine Mutter schon öfter aufgenommen. Aber in diesem Augenblick hatte ich offenbar die Rechnung ohne den Wirt gemacht.

Meine Schwester erblickte das Gerät und befand, die Familie auf diese Weise abzuhören, gehöre sich nicht. Jetzt, wo ich die Szene niederschreibe, finde ich ihr Argument durchaus schlüssig. Aber an jenem Abend sah ich die Sache anders. Ich flippte aus, meine Schwester flippte aus, sie stürmte aus dem Zimmer, ich und meine andere Schwester ebenfalls, und meine Mutter brach in Tränen aus. Meine Friedensmission war gescheitert. Und ich war schuld.

Erst Stunden später hatte sich die Lage wieder beruhigt. Die beleidigte Schwester holte einen Karton mit alten Kinderfotos hervor und die angriffslustige Schwester machte sich über die damalige Mode lustig. Damit waren die Wogen geglättet, meine Mutter wieder froh. Nur ich war es nicht. Es war mir wieder passiert. Obwohl ich mir so viel Mühe gegeben hatte. Sollte ich die Angelegenheit nicht einfach auf sich beruhen lassen?

Die Antwort lautet Nein, denn man kann nicht erwarten, dass jahrelange Angewohnheiten so einfach verschwinden. Es ist wichtig dranzubleiben, es immer wieder zu versuchen, bis es schließlich klappt. Es gibt Strategien, bestimmte provozierende Situationen und Konstellationen zu vermeiden. Man kann am Tisch Abstand halten von denjenigen, mit denen man oft aneinandergerät, ärgerliche Themen ignorieren und sich stattdessen auf angenehmere Unterhaltungen konzentrieren. Die Aufmerksamkeit sollte sich auf das Wohl der Mutter richten, und mit etwas Achtsamkeit kann man potenzielle Ärgernisse oft schon im Keim ersticken. Wie ein Autofahrer erkennt die umsichtige Tochter Schlaglöcher schon von Weitem und umfährt sie einfach. Der um Gleichmut bemühten Tochter gelingt es sogar, sich herauszuhalten, wenn die Mutter sie dazu animiert, die anderen Geschwister aufzuziehen. Am Ende dieser Entwicklung wird es keine Scherbenhaufen und gekränkte Gäste mehr geben, und die Mutter wird mit einem seligen Lächeln im Kreis ihrer Lieben sitzen.

Genau so ist es mir nach einem der letzten Zusammenkünfte des Clubs der Töchter ergangen. Und es war wie ein Sieg.

Brief der abhängigen Tochter

Liebe Mutter,
kannst du dich noch an dieses Lied erinnern, das Camille O'Sullivan letztens im Spiegelzelt auf dem Jahrmarkt sang? Das mit dem Refrain »Schau Mami, ohne Hände«. Damit hatte sie die ganze Welt meiner Kindheit in den Saal geholt. Und als wir an diesem Tag nach Hause gingen, hast du es nachgesungen, es klang ein bisschen schief, weil du dabei geweint hast. Ich habe gelacht, aber nicht, weil ich mich über dich lustig machte, sondern weil ich glaubte, deine Gefühle zu verstehen.
Kannst du dich an dieses Lied erinnern? Erst seit fünf Jahren verstehe ich es tatsächlich, denn seit dieser Zeit bin ich selbst Mutter. Wenn ich es jetzt singe, denke ich an meine

beiden Kinder. Sie brauchen mich so, wie ich dich damals brauchte. Auch sie brauchen Schutz, Trost und Zuversicht. Ich habe dich immer als furchtlos erlebt. Du warst meine Heldin. Wenn ich in deinen Armen lag, hatten die Monster keine Chance. Alles war gut.

Weißt du noch, wie ich mit dem Kopf im Gitterzaun stecken blieb, und du die Feuerwehr rufen musstest? Und erinnerst du dich noch an den Tag, als ich mir eine Beule holte, die so dick wurde, wie man es sonst nur im Zeichentrickfilm sieht? Wir fuhren mit dem Bus zum Krankenhaus. Du hieltst meine Hand. Und weißt du noch, wie du mich aus dem Pub gezerrt hast, weil du mich in schlechter Gesellschaft wähntest? Den ganzen Weg nach Haus habe ich dich angebrüllt. Weißt du das noch? Ich schon. Damals wollte ich mich nur ein bisschen amüsieren und habe deine Sorge nicht verstanden. Aber heute ist mir klar, dass mir Ähnliches bei meinen Mädchen bevorsteht.

Jetzt weiß ich auch, warum du damals geweint hast. In diesem Lied geht es um eine Mutter, die nicht mehr lebt, aber du bist noch bei mir. Uns bleiben hoffentlich noch viele Jahre. Du bist nicht weg, also muss ich dich nicht vermissen. Noch nicht.

Durch meine Gespräche mit den anderen Frauen im Club der Töchter habe ich gelernt, dass ich jetzt, wo du älter wirst, achtsamer mit dir umgehen und dich mehr wertschätzen sollte. Irgendwann wirst du gebrechlich und dann wirst du uns dringender brauchen. Doch nur weil du noch immer fit bist, bedeutet das nicht, dass du keine Fürsorge brauchst und nicht von uns verwöhnt werden möchtest. Irgendwann werde ich mich für deine Zuwendung revanchieren können, aber hoffentlich liegt diese Zeit noch in weiter Ferne. Doch ich sollte mich schon einmal darauf vorbereiten. Zu dieser Erkenntnis bin ich durch den Club der Töchter gelangt –

diese Gespräche rüttelten mich auf und zeigten mir, dass sich etwas ändern muss.

Ich will nicht mehr unachtsam mit dir umgehen, Mutter. Langsam wird meine Liebe für dich erwachsen. Danke, dass du die beste Mutter der Welt bist – und für die vielen lustigen Augenblicke.

Deine Tochter,
Róisín

... für die ergebene Tochter: Zehn Dinge,
die man mit seiner Mutter tun sollte,
bevor es zu spät ist

Als mir die Idee zu diesem Buch kam, wählte ich den Arbeitstitel »Zehn Dinge, die man mit seiner Mutter tun sollte, bevor es zu spät ist«. Dieser Titel sollte eine gewisse Dringlichkeit ausdrücken, denn es bleibt uns weniger Zeit, an der Beziehung zu unseren Müttern zu arbeiten, als wir gern hätten. Ich hatte schon vor der Gründung des Clubs der Töchter begonnen, diese Liste mit zehn Punkten abzuarbeiten, und bin immer noch dabei. Diese Vorsätze sind für mich zu dem Manifest des Clubs der Töchter geworden. Jede Tochter kann selbstverständlich ihre eigene Liste erstellen. Hier ist meine:

1. Lerne sie richtig kennen

Im Laufe unserer Kindheit und Jugend sammeln wir viele unverbundene Versatzstücke aus der Vergangenheit unserer Mutter wie Gesprächsfetzen, Fotos und lustige Anekdoten, die man sich bei Familientreffen erzählt. Diese eine Version ihrer Vorgeschichte ist fest in unserem Gedächtnis verankert. Als Erwachsene bleibt diese Version unverändert, wir sind der unverrückbaren Meinung, unsere Mutter zu kennen. Die Geschichte entwickelt sich nicht weiter, und eventuelle Lücken bleiben leer. Wenn meine Mutter stirbt, möchte ich sicher sein, alles über sie erfahren zu haben. Deshalb habe ich sie gebeten, die Lücken in ihrer Geschichte für mich zu füllen.

Glücklicherweise ist meine Mutter sehr offen, und ich kann sie alles fragen. Mich hat vor allem ihre Beziehung zu ihrer Mutter interessiert. Meine Großmutter, die wir alle abgöttisch liebten, wohnte in einer Einliegerwohnung neben unserem Haus. Doch sogar als kleines Kind spürte ich eine Spannung zwischen meiner Mutter und meiner Oma. Aber ich hatte sie bis dahin nie nach ihrer Beziehung gefragt, und ich war sehr neugierig auf ihre Antwort. Hatte meine so wunderbare Mutter in meiner Oma ein gutes Vorbild?

Bei einem gemeinsamen Abendessen in meiner Küche fragte ich sie also, wie sie sich mit ihrer Mutter verstanden habe. »Meine Mutter hat mir wenig Freiraum gelassen«, lautete ihre Antwort. »Dir ist das vermutlich nicht aufgefallen, aber ich kam oft heulend aus ihrer Wohnung. Sie konnte richtig fies sein und behandelte mich häufig wie ihr Dienstmädchen.«

»Hat sie dich lieb gehabt?«

»Ich wusste immer, dass sie mich lieb hatte, aber gesagt hat sie es mir erst kurz vor ihrem Tod. Daran kann ich mich noch gut erinnern. Ich war am Abend zu ihr gefahren und hatte ihr Sherry mitgebracht. Wir entspannten bei einem Gläschen und plauderten ein wenig. Kurze Zeit später bat mich meine Mutter, ihr nachzuschenken, was für sie eher ungewöhnlich war. Danach dankte sie mir für meine Fürsorge und sagte mir, dass sie mich lieb habe.« Dies sei ein besonderer Moment gewesen, erklärte meine Mutter. »Ich hielt ihre Hand und sagte ihr, dass ich sie ebenfalls lieb hätte. Das hatte ich ihr auch noch nie gesagt.«

Bei einer anderen Gelegenheit fragte ich meine Mutter über ihr Liebesleben aus. Das Thema kam auf, weil sie sich nach meiner Ehe erkundigt hatte. Diese spontane Unterhaltung dauerte mehrere Stunden. »Hattest du vor Daddy noch andere Freunde?« »Hattest du Liebeskummer?« Sie ließ ihre Verflossenen und Flirts Revue passieren, und ich lauschte ihr. Hier verband sich mein Bild von meiner Mutter mit der

Vergangenheit einer erwachsenen Frau. Ich erkannte einmal mehr, dass das Leben meiner Mutter aus vielen Schichten bestand und ich nur eine davon war.

Nicht jede Mutter geht so offen mit ihrer Vorgeschichte um, manche erfordern vielleicht ein bisschen Fingerspitzengefühl, aber die meisten Frauen freuen sich, wenn es um sie geht und sie Anekdoten aus ihrer Vergangenheit erzählen können. Nicht selten erfährt man so eine Menge überraschender Dinge über seine Mutter. Man muss nur fragen.

2. Nimm sie mit auf Reisen

Meine Mutter und ich haben schon die ganze Welt bereist, ob im Zug, im Bus, im Flugzeug oder mit dem Schiff. Erst vor Kurzem saßen meine Schwester und ich mit meiner Mutter im Flieger nach Oslo. Eigentlich wollte sie unbedingt die Eisberge in der Antarktis sehen, aber wegen ihrer Erkrankung entschieden wir uns für die Arktis, wo sie außerdem die Nordlichter sehen könnte. Uns war klar, dass wir die Gelegenheit beim Schopf packen mussten, denn schon bald würde meine Mutter keine weiten Reisen mehr unternehmen können. So landeten wir also in Tromsø. Alles war schneebedeckt, und es war bitterkalt. Am folgenden Tag nahmen wir ein Schiff in Richtung Arktis, um dort die Nordlichter zu bestaunen.

Eine Woche nach unserer Rückkehr wurde meine Mutter mit einer Infektion ins Krankenhaus eingeliefert, die sie sich wohl am letzten Urlaubstag geholt hatte. Es war auch noch kurz vor Weihnachten, aber meine Mutter bereute ihre Reise nicht. Glücklicherweise war sie Weihnachten wieder bei uns.

Ich bereite schon den nächsten Urlaub mit ihr vor. Diesmal geht es nach Lanzarote. Hoffentlich schafft sie es noch.

Wohin die Reise führt, ist aber eigentlich egal, denn mit der Mutter wegzufahren, bedeutet vor allem, wertvolle Zeit mit ihr zu verbringen, und zwar auf neutralem Boden. So ergeben sich unter Umständen Unterhaltungen und Erlebnisse, die im normalen Mutter-Tochter-Alltag nie vorgekommen wären. Ich mache auf solchen Reisen viele Fotos, damit die Freude darüber noch lange nachhallt.

3. Feiere sie

Jedes Jahr veranstalte ich am Geburtstag meiner Mutter eine Gartenparty. Meine Mutter auf diese Weise zu feiern, gehört zu meinem Manifest des Clubs der Töchter. Ich weiß nicht, wie lange sie noch bei uns sein wird, aber unsere Familie behandelt jeden Geburtstag wie ihren letzten. Es ist mir wichtig, dass sie sich von mir geliebt fühlt, nicht nur als Mutter, sondern auch als eigenständige Persönlichkeit. An ihrem Geburtstag ehren und feiern wir sie, wie sie es jahrelang für uns getan hat.

Ihren siebzigsten haben wir besonders gefeiert. Wir luden alte Bekannte ein, die sie wegen ihrer Krankheit lange nicht gesehen hatte. An diesem Tag, im Kreise ihrer Freunde, Kinder und Enkel, wirkte sie so glücklich wie schon lange nicht mehr.

Bei den Zusammenkünften des Clubs der Töchter bot mein Vorschlag, die eigene Mutter zu feiern, immer wieder Anlass zur Diskussion. Wie kann dies beispielsweise gelingen, wenn man seine Mutter nicht mag oder sich überhaupt nicht mit ihr versteht? Wir können uns selbstverständlich damit behelfen, die wichtigsten Geburtstage »abzufeiern«, auch wenn uns das keine besondere Freude bereitet und ein gewisser Widerwille bestehen bleibt. Doch selbst Routinefeiern lohnen sich. Es lohnt sich, weil wir uns damit wenigstens spätere Schuldgefühle ersparen. Schließlich haben wir uns redlich bemüht. Klar ist es nicht einfach, jemanden zu feiern, den man nicht ausstehen kann, aber vielleicht findet sich selbst in solchen Fällen eine aufrichtige, nicht zu verkrampfte Möglichkeit, sich und der Mutter eine Freude zu bereiten. Mehr ist eben manchmal nicht möglich.

4. Koche mit ihr (und für sie)

Gemeinsame Aktivitäten zu finden, die Mutter und Tochter Spaß machen, kann die Beziehung ungemein bereichern. Meine Mutter und ich verbindet eine Leidenschaft fürs Kochen.

Jetzt, wo sie allein lebt und krank ist, kocht meine Mutter nicht mehr so oft für sich, aber mit mir gemeinsam tut sie es immer noch gern. Beim Schnippeln, Hacken, Rühren und gelegentlichen Weinverkosten haben wir schon viele gute Gespräche geführt. Ich habe sehr schöne Erinnerungen an unsere Zeiten in der Küche.

Im frühen Stadium ihrer Krankheit fiel es meiner Mutter schwer, ihren Kindern in der eigenen Küche beim Kochen zuzusehen. Damals bestand sie darauf, wenigstens die nötigen Einkäufe zu erledigen, was sie allerdings so anstrengte, dass sie den folgenden Tag im Bett verbringen musste. Mittlerweile hat sie gelernt, größere Gerichte uns Kindern zu überlassen und ihre Grenzen zu akzeptieren. Heute genießt sie es sogar, von uns verwöhnt zu werden, doch ich weiß, wie schwer ihr diese Veränderung gefallen ist. Das Schöne am gemeinsamen Kochen ist die Teamarbeit. Wenn wir zusammen am Herd stehen, vergisst sie für einen Augenblick ihre Krankheit und sieht mich nicht mehr als die Tochter, die ihr das Ruder aus der Hand nimmt. Jeder kümmert sich um seine Aufgabe, und gemeinsam zaubern wir ein großartiges Gericht.

5. Halte sie auf dem Laufenden

Für Menschen wie unsere Mütter kann die rasante Entwicklung der modernen Technik ein Albtraum sein. Früher musste man sich nur kurzstellige Telefonnummern merken, heute ist die Auswahl erheblich breiter. Viele Errungenschaften der mobilen Vernetzung haben allerdings auch Vorteile für die ältere Generation.

Meine Mutter besitzt mittlerweile ein Tablet, ein Handy (das Smartphone wurde kurzerhand verbannt, weil es ihr zu kompliziert war), einen E-Book-Reader und viele andere moderne Hightechgeräte. Sie schreibt an ihrem Laptop, verschickt E-Mails und unterhält sich auf Skype mit ihrer Tochter in der Türkei.

Es war zwar nicht immer leicht, ihr den Umgang mit diesen Geräten beizubringen, aber die Mühe hat sich gelohnt. Konfliktbehaftet war die Situation allerdings schon. Meine Mutter ist eine intelligente Frau, die ihr Leben lang an verschiedensten Computern gearbeitet hat und mir in Sachen IT vermutlich einiges voraushat. Aber als ich ihr das Tablet schenkte, war sie von der modernen Bedienung erst mal überfordert. Gefühlt habe ich Stunden mit ihr vor diesem Ding gesessen und ihr immer wieder erklärt, dass man mit dem Finger über den Bildschirm wischen müsse. Doch am Ende wusste ich, dass ich ihr auf diese Weise ein gewisses Maß an Unabhängigkeit verschaffte und ihr die regelmäßige Kommunikation mit ihrer Familie erleichterte. Wichtig war es dabei vor allem, sie nicht zu bevormunden, sondern ihr Selbstvertrauen zu stärken. Die moderne Unterhaltungselektronik ist ein Segen, denn sie bietet zunehmend gebrechlichen Menschen wie meiner Mutter eine Vielzahl von Beschäftigungsmöglichkeiten.

Natürlich gibt es auch Mütter, die sich der modernen Technik komplett verweigern. Ich glaube zwar nicht, dass jeder Mensch ein Tablet oder einen E-Book-Reader besitzen sollte, aber ich finde es dennoch wichtig, ältere Menschen dazu zu ermutigen, diese Geräte einmal auszuprobieren. Und sollte es an Geduld mangeln, findet sich bestimmt ein jüngeres Familienmitglied, dem es Freude macht, der älteren Generation ein paar Tricks beizubringen.

6. Sei geduldig mit ihr

Bringt man der Mutter etwa den Umgang mit moderner Technik bei, entsteht dabei möglicherweise eine Reihe neuer Reibungsflächen. Geduldig zu sein, wenn sie beispielsweise wieder mal ihr Passwort vergessen hat, erfordert Nerven wie Drahtseile. Im Allgemeinen erfordert der Umgang mit Müttern viel Geduld.

Doch es ist wichtig, unseren Müttern mit Sanftmut zu begegnen, denn sie sind schon ein paar Jahrzehnte länger auf der Welt als wir. Es gab sie schon, als wir noch nicht mal in ihren Gedanken vorkamen. Sie haben gelebt, geliebt, sind gefallen und wieder aufgestanden, und jetzt dürfen sie zu Recht ein wenig Geduld von ihren Töchtern erwarten, selbst wenn ihre Art, das Leben zu meistern, nicht mehr ganz unseren Vorstellungen entspricht.

Selbst wenn dies klar ist, reagieren wir gelegentlich ungeduldig. Meine Mutter kann wegen ihrer Krankheit nicht mehr so schnell gehen. Ich muss wirklich aufpassen, sie nicht anzutreiben, vor allem, wenn ich schwere Tüten trage. Früher bin ich immer ein paar Schritte vorausgegangen und habe mich in regelmäßigen Abständen ungeduldig nach ihr umgeschaut. Irgendwann erkannte ich, dass ich sie damit unter Druck setzte, und von da an passte ich mich an ihr gemäßigtes Tempo an. Heute können wir dabei auch noch bequem plaudern.

7. Behandle sie nicht wie einen Patienten

Meine Mutter wird von hervorragenden Ärzten betreut, und zu Hause kümmert sich Olive um sie, die wir wegen ihrer Sanftmütigkeit die Heilige Olive nennen. Sie hat also keinen Bedarf an einer weiteren medizinischen Fachkraft namens Dr. Fennell.

Als sie ihre Diagnose erhielt, schlüpfte ich aber genau in diese Rolle. Wäre erst im Alltag alles unter Kontrolle, dachte Dr. Fennell, würde sich auch der Zustand der Patientin bessern.

Das war nichts als wilder Aktionismus, ich handelte aus Angst. Bei jedem Rasseln in ihrer Brust empfahl ich dringend einen Termin beim Arzt, wollte sie im Garten spazieren gehen, riet ich ihr, sich lieber auszuruhen, und bei meinen Besuchen schrieb ich ihr vor, wann sie welche Tabletten zu nehmen hatte. Ein Glas Wein zum Essen? Lieber nicht. Und die ganze Zeit hatte ich das Gefühl, das Richtige zu tun. Meine töchterliche Pflicht sozusagen. Es dauerte lange, bis sich meine Mutter dazu durchrang, mir zu sagen, dass meine Vorhaltungen wenig hilfreich seien. »Ich versuche gerade selbst, mit der Krankheit klarzukommen, Natasha. Bitte lass mir ein wenig Zeit.«

Ich brauchte ein Weilchen, mich zu ändern, und auch heute ertappe ich mich manchmal dabei, sie auf diese Weise zu gängeln. Offenbar entspricht es unserem Tochterinstinkt, unseren Müttern helfen zu wollen, wenn sie gebrechlich werden. Seit Kurzem habe ich diese Sache etwas besser im

Griff, hin und wieder frage ich mich sogar, ob ich nicht zu entspannt mit der Krankheit umgehe. Vor ein paar Monaten erlitt sie beispielsweise bei meinem Besuch einen Schüttelanfall. Ich hatte mich so sehr von meiner Rolle als Dr. Fennell distanziert, dass ich diesen Anfall für ein Symptom ihrer Erkrankung hielt – bis die Heilige Olive auf den Plan trat. Sie erkannte die Ursache sofort und kümmerte sich umgehend darum.

Einige meiner Freundinnen sind im Arztmodus stecken geblieben. Für Töchter ist es schwer, sich aus dieser Rolle zu befreien. Die Mutter meiner Freundin Tara beispielsweise weigert sich, ihr Schlafzimmer ins Erdgeschoss zu verlegen. Tara fürchtet jedoch, ihre Mutter könne auf dem Weg hinauf ins Schlafzimmer stürzen. Die Mutter braucht mittlerweile zehn Minuten, um die Treppe in den ersten Stock zu bewältigen, aber sie gibt nicht nach. Der Kampf scheint aussichtslos.

Als meine Mutter erfuhr, dass sie für den Rest ihres Lebens an ein Sauerstoffgerät angeschlossen sein würde, war ich im Urlaub. Sie ging nicht ans Telefon, wollte zunächst weder mit mir noch mit meinen Geschwistern sprechen, denn sie brauchte Zeit, um sich mit dieser Entwicklung abzufinden. Es war nicht leicht, aber ich zwang mich dazu, ihren Wunsch zu respektieren.

Vielleicht ist es frustrierend, aber wir sollten die Wünsche unserer Mütter trotz ihrer Gebrechlichkeit nicht unterlaufen. Meine Mutter gestand mir, sie habe Angst davor, von ihren Kindern bei medizinischen Entscheidungen entmündigt zu werden und so ihre Eigenständigkeit und die Kontrolle über ihr Leben zu verlieren. Wir versicherten ihr, dass nichts dergleichen geschehen werde, aber ihr Geständnis half mir zu verstehen, warum Taras Mutter sich stoisch Nacht für Nacht die Treppen hinaufquälte.

Mittlerweile behandle ich meine Mutter nicht mehr wie eine Patientin, sondern ich helfe ihr. Wir haben ein abendliches Ritual, das Abarbeiten ihrer »To-do-Liste«, wie sie es nennt, und es bereitet uns sogar Freude. Bevor sie zu Bett geht, kontrollieren wir ihr Sauerstoffgerät, ich stelle ihr ein frisches Glas Wasser ans Bett und sitze neben ihr, während sie ihre Tabletten nimmt. Meine Mutter hat die Kontrolle, und ich unterstütze sie.

8. Dulde ihre Einmischung

Ein Thema zieht sich wie ein roter Faden durch die gesamte Literatur über Beziehungen zwischen Müttern und Töchtern: der ständige Konflikt zwischen Nähe und Distanz. Dem Wunsch vieler Töchter nach Nähe zu ihren Müttern steht ihr dringendes Bedürfnis nach Unabhängigkeit entgegen. Es geht darum, das richtige Maß zu finden, die Mutter also nicht zu sehr ins eigene Privatleben hineinzuziehen, sie aber auch nicht komplett auszusperren. Es mag seltsam klingen, aber mein Rat an Töchter, die sich über die ständige Einmischung ihrer Mütter beschweren, lautet: Lasst sie gewähren. Damit meine ich: Schenkt ihrer Meinung die nötige Aufmerksamkeit.

Das ist nicht leicht, vor allem, wenn die Mutter nicht zu hundert Prozent hinter der Tochter steht.

Uns von unseren Müttern abzunabeln und so weit zu kommen, dass sie unsere Lebensentscheidungen trotz ihrer Vorbehalte akzeptieren, ist eine ziemliche Herausforderung. Ich glaube, das ist mir gelungen, und zwar, weil ich meine Mutter nie ausgesperrt habe, auch wenn ich ihre Meinung nicht immer hören wollte.

Während meiner Arbeit an diesem Buch führte ich zahllose Gespräche mit meiner Mutter. Das tue ich noch heute.

Als wir neulich in ihrer Küche saßen, fragte ich sie zum Beispiel, wie sie zu den Lebensentscheidungen ihrer fünf Kinder stehe, ob sie mit allem einverstanden gewesen wäre.

»Ich akzeptiere sie«, lautete ihre Antwort. »Ich nehme euch an, wie ihr seid, und erwarte nicht, dass ihr so seid, wie ich euch gern hätte. Wenn ihr mich um Rat bittet, bekommt ihr eine ehrliche Antwort, aber es ist euer Leben, und ihr macht ohnehin, was ihr wollt. Das weiß ich, und damit bin ich auch zufrieden.«

Meine Mutter hat ihr ganzes Leben mit dem Thema Akzeptanz gehadert, vor allem fiel es ihr schwer, sich selbst zu akzeptieren. Seit ihr das gelungen sei, sagt sie heute, könne sie uns leichter loslassen. Manchen Müttern gelingt es nur schwer, die Entscheidungen ihrer Kinder zu akzeptieren, und die Mutter am Privatleben teilhaben zu lassen, erscheint mancher Tochter vielleicht völlig indiskutabel. Aber mit etwas gutem Willen schafft es die Tochter möglicherweise dennoch, der Einschätzung ihrer Mutter zuzuhören und ihr nicht sofort den Mund zu verbieten. Wenn sich beide bemühen, könnte das unter Umständen zu überraschenden Ergebnissen führen.

9. Sprich achtsam mit ihr

Das Thema Kommunikation mit meiner Mutter beschäftigt mich immer wieder. Und sie auch. Sogar in diesem Buch gibt es Beispiele für unangemessene Sprache im Umgang mit unseren Müttern. Manchmal reden wir mit ihnen, als wären sie unsere Kinder.

Diese Art der Bevormundung trifft Mütter in allen Lebensbereichen, nicht nur beim Krankenschwesternplural – nicht jeder Mensch über siebzig ist automatisch taub und senil.

Doch auch wenn wir Töchter über unsere Mütter sprechen, tun wir dies oft mit einer gewissen Herablassung. Ich kann mich noch erinnern, dass Kinder in meiner Klasse ihre Mütter als »die Alte« bezeichneten, was mich schon damals entsetzte. Diese Form der Demütigung ist völlig unangemessen.

Mir ist schon klar, dass diese Art, über und mit unseren Müttern zu sprechen, weniger einer bösen Absicht, sondern einfach der Gewohnheit entspringt. Aber das kann man ändern. Gerade im hohen Alter gebührt es unseren Müttern, dass wir respektvoll und achtsam mit ihnen und über sie sprechen.

10. Plane ihre Beerdigung

An einem für irische Verhältnisse unerwartet heißen Sonntagmorgen im August folge ich mit hundert anderen Trauergästen einem Leichenwagen durchs Dorf. Im Sarg liegt der Vater meiner Freundin.

Als sich der Trauermarsch auf dem Weg zur Kirche durch den Ort bewegt, treten Ladenbesitzer auf den Gehweg, Passanten bleiben stehen und bekreuzigen sich. Zu Ehren des Toten bleiben die Geschäfte heute geschlossen. Zwei Männer springen von ihren Plätzen im Café auf und beobachten still die vorbeischreitende Prozession. An der Kirche wartet bereits eine Ehrengarde auf die Trauergemeinde.

Meine Freundin hält eine wunderbare Trauerrede. Wie die anderen Gäste lausche ich gerührt, als sie das Leben ihres Vaters Revue passieren lässt. Eine gelungene Trauerfeier.

Ich bin mittlerweile in einem Alter, in dem die Beerdigungen häufiger sind als Hochzeiten oder Taufen. So komme ich nicht umhin, mir zu überlegen, wie ich meiner Mutter einen angemessenen Abschied bereiten könnte. Es soll alles so sein, wie sie es sich wünscht. Mein Vater, mittlerweile fünfundachtzig Jahre alt, nennt die Beerdigung »das große Ereignis«. Wie er sich seine vorstellt, haben wir bereits besprochen.

Manchen erscheint eine solche Unterhaltung unvorstellbar. Morbid. Keiner möchte gern über das Thema Tod sprechen, und ich verstehe vollkommen, warum es besonders schwierig ist, mit der eigenen Mutter über deren Bestattungswünsche zu reden. Leicht ist das nie. Aber die Erfahrung hat mich gelehrt, dass diese Gespräche sowohl meiner Mutter als auch mir helfen, uns auf das Unausweichliche vorzubereiten.

Neulich fragte ich sie: »Hast du schon überlegt, ob du eine Feuer- oder eine Erdbestattung möchtest?« Ihre Antwort überraschte mich. Sie hatte nicht nur eine klare Entscheidung getroffen, sondern sich auch genau überlegt, wo sie die letzte Ruhe finden wollte.

Mittlerweile haben wir auch die letzten Details geklärt. Sogar die Musik steht fest. Sie hat sich »We Are The Champions« von *Queen* ausgesucht.

Das Wissen um die letzten Wünsche meiner Mutter ist mir ein großer Trost. Solche Unterhaltungen kann man selbstverständlich nicht zwischen Tür und Angel führen, aber es hilft vielleicht, das Thema immer wieder anzugehen und es Stück für Stück abzuarbeiten. So kann man sich beispielsweise zunächst einmal über die gewünschte Bestattungsform verständigen und zu einem späteren Zeitpunkt über andere Details wie die Musik sprechen.

Meiner Mutter fiel beispielsweise letztens im Garten ein, dass sie sich für die Trauerfeier auch die »Carmina Burana« wünsche, weil sie die früher gern bei der Hausarbeit gehört habe. Außerdem wünsche sie keine Traueranzeige in der Zeitung. Irgendwann hat sie mir bestimmt alles Nötige mit-

geteilt. Es ist mir eine Ehre, alles genau so auszurichten, wie
sie es sich wünscht.

Brief der ergebenen Tochter

A Mhamaí,
bei meinem Besuch letztes Wochenende sprachen wir
darüber, was wir tun würden, wenn du nicht krank wärst.
Wegen eines Infekts konntest du nicht aus dem Haus, also
malten wir uns stattdessen aus, wie wir den Tag verbracht
hätten, wenn du gesund gewesen wärst.
In Gedanken suchten wir unsere Lieblingsorte auf und taten
Dinge, die uns beiden Freude bereiten.
In Wahrheit saßen wir in deinem gemütlichen Haus, du
schliefst viel und später, beim Abendessen in deiner Küche,
überlegten wir, welche Abenteuer wir auf unserem Fantasie-
ausflug erlebt hätten. Ob wir nun in deiner Küche sitzen
oder in unserer Vorstellung kuriose Abenteuer erleben –
egal, was wir miteinander unternehmen, es ist immer eine
Freude, denn wir fühlen uns miteinander wohl. Diese Leich-
tigkeit macht unsere Beziehung so wunderbar. Das war
immer so, egal, ob wir mit dem Rucksack durch Australien
trampten oder in Galway Gin Tonic schlürften. Ich kenne
viele Mutter-Tochter-Beziehungen, die anders verlaufen sind,
daher weiß ich, wie glücklich ich mich schätzen kann. Wir
beide können uns glücklich schätzen. Du bist ein Mensch,
mit dem ich wahnsinnig gern zusammen bin, und obendrein
bist du auch meine Mutter.
Danke, dass du so fest an mich glaubst, mich ständig
ermutigst und mich annimmst, wie ich bin.
Grá mór,
Tasha

8

Das letzte Abendessen

Natasha

Unser erstes Treffen fand an einem eisigkalten Januarabend statt, das letzte an einem lauen Juniabend. In der Zwischenzeit war viel passiert. Cathys Schwester starb, Maeve wurde schwanger, Grace heiratete, Sophies Mutter war nach einem Krankenhausaufenthalt wieder zu Hause.

Im Laufe der Zeit waren wir uns sehr nahegekommen und zu einer festen Gemeinschaft zusammengewachsen. Bei unserem letzten Treffen blickte ich in die Runde an meinem Küchentisch und sah Frauen, die von einer Last befreit worden waren. Einige unter uns hatten diese Last fast ein Leben lang mit sich herumgetragen.

Wir waren uns nicht mehr fremd, aber waren wir Freundinnen geworden? Uns verband eine seltsame Bekanntschaft. Als Töchter wussten wir mehr voneinander als über unsere engsten Freundinnen. Doch über unseren Alltag als Frauen wussten wir so gut wie nichts.

Bei unseren Treffen hatten wir gut gehütete Geheimnisse gelüftet, Ängste ausgesprochen, Unaussprechliches offenbart, manchmal sogar zum ersten Mal im Leben. Bei diesem letzten gemeinsamen Abend fragten wir uns, ob sich das Verhältnis zu unseren Müttern durch den Club der Töchter verändert hatte.

Maeve rieb sich den gewölbten Bauch. »Für mich waren diese Treffen wie eine Yogastunde. Oder wie eine Therapiesitzung. Aber Therapie finde ich zu extrem. Das hier reicht mir.«

Wir lachten und prosteten uns zu. Anna war auch da. Sie hatte meist über Skype aus London teilgenommen, aber für das letzte Treffen war sie extra nach Dublin geflogen. Cathy, die noch um ihre Schwester trauerte, meinte, sie fühle sich ihrer Mutter nun enger verbunden als vorher. »Dank unserer Treffen habe ich mir Zeit für ein Thema genommen, mit dem ich mich unter anderen Umständen nicht so intensiv auseinandergesetzt hätte. Hier habe ich Dinge erkannt, die ich gar nicht gesehen habe, obwohl sie mir direkt vor der Nase standen.«

»Hätte ich nicht im Club der Töchter mitgemacht, hätte ich die Probleme wahrscheinlich einfach verdrängt, wäre vor meiner Verantwortung davongelaufen, statt mich ihr zu stellen«, erklärte Anna. Dazu fiel Maeve auch noch etwas ein: »Ich wäre nie darauf gekommen, die kleinen Konflikte mit meiner Mutter als gravierendes Problem zu betrachten. Wahrscheinlich hätte ich sie einfach hingenommen, was möglicherweise auch funktioniert hätte. Aber ich finde es gut, dass ich diesen Themen Zeit gewidmet habe. Seitdem hat sich etwas verändert.«

»Versteckst du dich immer noch hinterm Sofa, Maeve?«, fragte jemand.

»Manchmal schon«, gestand sie. »Es ist wohl die Selbstlosigkeit meiner Mutter, die mich gelegentlich überfordert. Sie meint es gut, aber häufig denke ich: Ach, jetzt kommt das wieder. Ich kann nicht immer auf sie eingehen, weil ich auch viel um die Ohren habe.« Jedoch, so erzählte Maeve, gelinge es ihr nun öfter, sich zu mehr Achtsamkeit zu ermahnen, und ihre Mutter merke das auch. »Ich verbringe mehr Zeit mit ihr, gehe mit ihr spazieren oder lade sie zum Mittagessen ein. Dafür steht sie jetzt seltener bei mir auf der Matte. Ich bin nicht mehr so angespannt in ihrer Gesellschaft, vielleicht sind's aber auch die Schwangerschaftshormone.«

Wie lautete Sophies Fazit? »Ich muss meine Mutter einfach so nehmen, wie sie ist. Das meine ich gar nicht negativ. Unsere Beziehung ist enger, als ich dachte, auch wenn sie sich ein wenig von der Norm abhebt. Bei unseren Gesprächen ist mir klar geworden, dass mir diese Beziehung wichtig ist. Warum also nicht ein bisschen mehr Zeit und Geduld in sie investieren?«

Dann war Lily dran. Hatte der Club der Töchter sie weitergebracht? »Ja, sehr«, erwiderte sie lächelnd. »Es hat mir gutgetan, mich auszusprechen und meine Probleme mit der Gruppe teilen zu können. Natürlich hatte ich andere Sorgen als die anderen Frauen, aber es hilft ungemein, die Dinge in Worte zu fassen. Mein Leben lang fühlte ich mich von meiner Mutter verurteilt und geringgeschätzt. Im Club der Töchter fühlte ich mich sicher. Meine Situation ist nicht normal. Aber was ist schon normal? Bei unseren Treffen wurde ich akzeptiert trotz meines Konflikts mit meiner Mutter.«

Lily erklärte, sie habe immer noch den Eindruck, nicht zu sein wie die anderen Töchter. »Aber ich bedaure meine Entscheidung nicht. Der Club ist wie jede andere Gruppe auch. Wie ein Lesekränzchen. Meine Freundin nimmt regelmäßig an solchen Lesegruppen teil, obwohl sie Bücher gar nicht mag. Ihr gefällt das Miteinander. So geht es mir mit dem Club. Man unterhält sich, tauscht sich aus, kommt sich näher, stimmt einander zu oder vertritt die gegenteilige Meinung. Man unterstützt sich, aber ohne zudringlich zu werden.«

Wie bei fast jedem Treffen entschuldigte sich Lily dafür, dass ihre Geschichte kein Happy End habe, und wir versicherten ihr, dass es uns nicht um Friede, Freude, Eierkuchen gehe. »Ich beneide euch«, gestand Lily. »Jede von euch hat das Verhältnis zu ihrer Mutter verbessert. Ihr hattet eine Wahl. Ich hingegen habe es gerade mal geschafft zu akzeptieren, dass es nicht schlimm ist, meine Mutter nicht zu mögen. Das macht mich zwar immer noch traurig, aber langsam lerne ich, das so zu akzeptieren. Ob ich ihr verzeihen kann? Ich weiß es nicht.«

Das rief Anna auf den Plan, die zunächst einmal klarstellte, dass Lily sie garantiert nicht um ihr Verhältnis zu ihrer Mutter beneiden müsse. »Musst du ihr verzeihen? Ist das unbedingt nötig? Meine Gefühle für meine Mutter sind zweigeteilt, aber für mich ist das völlig in Ordnung. Mit meiner Mutter hat mir das Schicksal nicht die besten Karten ausgeteilt, aber ihre waren noch viel mieser. In Wahrheit hat sie es nicht mal an den Kartentisch geschafft. Meiner Meinung nach geht es nicht zwingend um Vergebung.«

Lily stimmte ihr nur teilweise zu. »Da ist was dran. Wahrscheinlich ist Akzeptanz wichtiger als Vergebung. Sie ist, wie sie ist. Gut, schlecht oder gleichgültig. Das lässt sich nicht mehr ändern. Aber ich bin nicht mehr so wütend auf sie. Ich bin ruhiger geworden. Die Therapie hat mir dabei geholfen. Ihr zu vergeben, ist allerdings eine ganz andere Nummer.«

Grace erklärte, sie könne Lily verstehen. Sie schätze sich glücklich, obwohl die Mutter, die sie kannte, nicht mehr an ihrem Leben teilnehmen würde. Ihr habe die gegenseitige Unterstützung im Club der Töchter sehr geholfen. »Am Anfang waren wir uns völlig fremd, also hörten wir einander aufmerksam zu. Es herrschte überraschend viel Toleranz und Ermutigung in dieser Gruppe. Ich halte das Verhältnis zu unseren Müttern für ein sehr wichtiges, für manche, vor allem für uns Frauen, ist dieses Verhältnis sogar das wichtigste und längste im Leben. Dabei analysieren wir diese Beziehung so gut wie nie, sondern nehmen sie einfach so hin. Töchter haben ihren Müttern gegenüber oft Schuldgefühle. Sie fühlen sich für sie verantwortlich. Sie sollen ihre beste Freundin sein, sich um sie kümmern.«

»Ich achte seit unseren Treffen mehr darauf, wie ich mit meiner Mutter umgehe und wie ich mit ihr rede«, sagte Debbie. »Vielleicht gelingt es mir doch noch, wieder mit meiner Mutter ins Reine zu kommen. Möglicherweise entsteht irgendwann wieder dieselbe Nähe, die wir während der Krankheit meines Vaters zueinander hatten. Allerdings bin ich durch unsere Gespräche auch ein bisschen traurig geworden, denn ich wünschte, ich hätte auch ein so gutes Verhältnis zu meiner Mutter wie manche hier.«

»Ich weiß jetzt, dass wir großes Glück haben«, erwiderte Róisín. »Das ist mir spätestens bei unseren Treffen klar geworden.«

Schließlich wandten wir uns anderen Themen zu. Es war schon dunkel, als wir uns zum Abschied in die Arme fielen. Man würde sich nicht aus den Augen verlieren, sich regelmäßig auf ein Glas Wein treffen und nicht nur über unsere Mütter reden, versicherten alle.

Damals, vor unserem ersten Treffen im Januar war mir klar, dass Mutter-Tochter-Verhältnisse komplexe Gebilde sind. Sechs Monate später fühlte ich mich von dieser Komplexität geradezu überwältigt. Die Erfahrungen im Club der Töchter haben mir ein altes Klischee bestätigt: Mutter zu sein, ist eine der schwersten Aufgaben der Welt.

Das Fazit für den Club der Töchter unterscheidet sich nicht von dem anderer Projekte, denn es fällt gemischt aus. Wir haben unser Bestes gegeben. So gut wir konnten an unseren Beziehungen zu unseren Müttern gearbeitet. Doch im Laufe unserer Treffen wurde schnell klar, dass bei dieser Beziehung das Beste gefühlt nie genug zu sein scheint. Was, wenn wir einfach beschließen würden, dass es dennoch reicht?

Während ich diese Zeilen schreibe, warte ich auf eine neue Gruppe Töchter. Die nächsten Frauen, die dereinst ohne Schuldgefühle am Grab ihrer Mutter stehen möchten. Oder zumindest mit weniger Schuldgefühlen. Es wird wohl immer Töchter geben, die über ihre Mütter sprechen wollen. Ich wünsche ihnen, dass sie diese Unterhaltungen mit Verstand, Achtsamkeit und einem klaren Vorsatz führen. Vielleicht finden sie ja andere Töchter, die ihre klugen Erkenntnisse weitergeben und von ihren besonderen Beziehungen erzählen können. Wie schön wäre es, wenn sie gemeinsam lachen, weinen und ihre Mütter als die Frauen schätzen lernen könnten, die sie waren und sind. Und wenn sie sie nicht lieben können, dann wünsche ich ihnen die Kraft zur Vergebung oder zumindest zur Akzeptanz.

Ich freue mich auf die Zeit, die mir mit meiner Mutter bleibt, auch wenn sie begrenzt ist. Das habe ich jetzt akzeptiert, der erste Schock ist vorbei.

In den letzten Monaten habe ich meine Mutter öfter abgewimmelt. Ich muss am Buch arbeiten, ich habe jetzt ein Treffen, entschuldigte ich mich. Man stelle sich das vor: Ich wimmle meine Mutter ab, um mit anderen über ihre Mütter zu sprechen. Aber nun reicht's. Jetzt rufe ich erst mal bei meiner Mutter an.

Nachwort

Maeve hat eine Tochter bekommen, und Lily ist schwanger!

Dank

Unser Dank gilt Kerry Sharp von Simon & Schuster UK, die dieses Projekt von Anfang an unterstützte. Danken möchten wir auch unserer Lektorin Jo Roberts-Miller für ihren scharfen Blick und ihr Wohlwollen. Unser Dank geht an alle Frauen, die uns zu Beginn dieses Buches schrieben, doch vor allem an diejenigen, die sich dem Club der Töchter anschlossen und mutig, aufrichtig und mit viel Humor ihre Geschichten erzählten.

Ich, Natasha, möchte Róisín für die tolle Zusammenarbeit danken. Die manchmal bewegenden, meist aber höchst amüsanten und wunderbar anregenden Abende in meiner Küche, wo wir uns lang und breit mit dem Thema Mütter und Töchter beschäftigten, werden mir immer in Erinnerung bleiben. Mein Dank geht außerdem an Ivan Mulcahy von Mulcahy Associates, der von Beginn an hinter diesem Projekt stand. Großen Dank schulde ich auch meinen Freundinnen, besonders Fiona Slevin, Joanna Gardiner, Rosetta

Herr, Susan Heraghty, Sadhbh McCarthy, Adelaide Nic Chárthaigh, Cathy Higgins, Claire Molloy und Veronica Cosgrove für die vergnüglichen Zusammenkünfte.

Ohne die Unterstützung meiner Familie hätte ich dieses Buch nie schreiben können. Mein Dank geht an meinen Vater Desmond, für seine nimmermüde Ermutigung, an meine Schwester Kate für die vielen Stunden, in denen sie mir über Skype aus der Türkei Beistand leistete, an meinen ältesten Bruder Oisín, den Stützpfeiler unserer Familie, der dafür sorgte, dass ich meine Idee konsequent verfolgte. Besonderer Dank gilt meiner Schwester Sorcha für ihren klaren Verstand und die klugen Einsichten. Meinem Bruder Cilian möchte ich danken für seinen festen Glauben und sein Vertrauen in mich und dieses Buch. Mit seiner besonderen Betrachtungsweise hat er mich immer wieder inspiriert. *A Mhamaí, buíochas ó chroí as do thacaíocht, do gháire agus do ghrá.*

Danken möchte ich außerdem dem Team der Agentur Stillwater Communications, das mir während der Arbeit an diesem Buch immer wieder mit Rat und Tat zur Seite stand: Rebecca Bury, Lisa Madden, Úna Ní Chárthaigh und Sinéad Mí Bhraoin.

Schließlich möchte ich allen Frauen meinen Dank aussprechen, die mir in Flugzeugen, Zügen und überall sonst Rede und Antwort standen, wenn ich sie über ihre Beziehung zu ihren Müttern ausfragte.

Ich, Róisín, möchte Natasha für ihre Freundschaft, die vielen kurzweiligen Momente und ihre inspirierende Idee zu diesem Buch danken. Mein Dank geht außerdem an meine Kollegen bei der *Irish Times*, besonders an Kevin O'Sullivan. Glücklich kann ich mich schätzen, Menschen wie Faith O'Grady, meine hervorragende Agentin, und das Team von